FACHHOCHSCHULE WEDEL

Masterarbeit

in der Fachrichtung
E-Commerce
2016

Thema:

Welche Herausforderungen und Chancen existieren im deutschen Markt des Programmatic Advertising?

Eine kritische Analyse anhand von Experteninterviews

von
Syuzanna Gaplanyan
Abschlussnote: 1,0

Inhaltsverzeichnis

Darstellungsverzeichnis

Abkürzungsverzeichnis

Abs.	Absatz
AGOF	Arbeitsgemeinschaft Online Forschung
akt.	aktualisierte
ATD	Agency Trading Desk
BDSG	Bundesdatenschutzgesetz
BVDW	Bundesverband Digitale Wirtschaft
CMO	Chief Marketing Officer
COO	Chief Operating Officer
CPC/ CPCs	Cost-per-Click/ Cost-per-Clicks
CPO	Cost-per-Order
CRM	Customer-Relationship-Management
CTO	Chief Technical Officer
DACH	DACH-Region (Deutschland, Österreich, Schweiz)
DFP	DoubleClick for Publishers
DMP/ DMPs	Data-Management-Plattform/ Data-Management-Plattformen
DSP/ DSPs	Demand-Side-Plattform/ Demand-Side-Plattformen
EIV	Experteninterview
erw.	erweiterte
eTKP/	effektiver Tausend-Kontakt-Preis/
eTKPs	effektive Tausend-Kontakt-Preise
H.	Häufigkeit
IAB	Interactive Advertising Bureau
IO	Insertion Order
ITD	Independent Trading Desk
Kap.	Kapitel
KPI/ KPIs	Key Performing Indicator/ Key Performing Indicators
n	Anzahl der Stichprobe
o.J.	ohne Jahr
OMP/ OMPs	Open Marketplace/ Open Marketplaces
OWM	Organisation Werbungtreibende im Markenverband
PMP/ PMPs	Private Marketplace/ Private Market Places
PVI	Programmatic-Video-Inventar
ROI	Return on Investment
RTA	Realtime Advertising
RTB	Realtime Bidding

SDK	Software Development Kit
SEA	Search Engine Advertising
SEO	Search Engine Optimization
SSP/ SSPs	Supply-Side-Plattform/ Supply-Side-Plattformen
TD	Trading Desk
TKP/ TKPs	Tausend-Kontakt-Preis/ Tausend-Kontakt-Preise
TMG	Telemediengesetz
u.	und
überarb.	überarbeitete
unv.	unverständlich

1 Einleitung

„Fünfzig Prozent bei der Werbung sind immer rausgeworfen.
Man weiß aber nicht, welche Hälfte das ist."[1]

Aus dem obigen Zitat von Henry Ford geht die Bedeutung effizienter Werbemaßnahmen hervor. Um die Prozesse des Display Advertising, einer traditionellen Werbeform im Online Marketing, effizienter zu gestalten, wurde das Programmatic Advertising (PA) entwickelt. Die Effizienz des PA ist in der Automatisierung manueller Prozesse sowie zielgerichteter Werbeeinblendungen in Echtzeit begründet.[2] Bereits heute und auch künftig können Werbeflächen nicht nur für Display- und Mobile-Advertising programmatisch gehandelt werden. Es wird prognostiziert, dass sich PA durch neue Formate ebenso auf klassische Medien wie TV, Radio, Out-of-Home und Print ausdehnen wird.[3] In einem Fachmagazin für Online Marketing, Adzine, wurden die durch eine Studie von Magna Global[4] erhobenen Daten für das Jahr 2015 veröffentlicht. Daraus ist zu entnehmen, dass der globale durchschnittliche Anteil des PA im internationalen Display-Werbemarkt 31% ausmacht. Dieser Anteil liegt im deutschen Markt mit 21% unter dem globalen Durchschnitt. Hingegen beläuft sich die Schätzung für Großbritannien auf 46% und die USA auf 43%.[5] Auch in Frankreich und den Niederlanden hat sich PA mit 30% bis 40% stärker durchgesetzt als in Deutschland.[6] Momentan stellt sich daher in Fachkreisen die Frage, welche Herausforderungen und Chancen im deutschen Markt für PA existieren.

Die IAB[7] (Interactive Advertising Bureau) veröffentlichte im Jahr 2014 die Ergebnisse von zwei Umfragen zu den Hindernissen und den Gründen für die

---

[1] Vgl. Ford, Henry: Henry Ford, Stand o.J., Abruf 16.10.2015.

[2] Vgl. Noller, Stephan: Programmatic Advertising, 2015, S. 145.

[3] Vgl. Zarnic, Stefan in BVDW: 2015/2016, Stand 27.08.2015a, Abruf 19.10.2015, S. 8.

[4] Magna Global ist Unternehmen, welches Prognosen speziell für Multichannel-Marketing verantwortet.

[5] Vgl. Rauchhaupt, Jens: Deutschland bei 21 Prozent, Stand 02.10.2015a, Abruf 15.10.2015.

[6] Vgl. Bachér, Frank: Programmatic Advertising, Stand 08.09.2015, Abruf 15.10.2015.

[7] Die IAB ist eine Advertising-Organisation, die Industrie-Standards entwickelt, Forschung betreibt und rechtliche Unterstützung für die Online-Werbebranche bietet.

Einführung von PA im Statistik-Portal Statista.[8,9] An dieser Umfrage haben sogenannte Werbeexperten, vermutlich lediglich Advertiser, teilgenommen. Auf fachspezifischen Webseiten wird auch in den Jahren 2015 und 2016 kontrovers über dieses Thema diskutiert. Zudem finden sich zahlreiche kritische Diskussionsbeiträge in dem bis dato einzigen veröffentlichten Fachbuch über die programmatische Werbung des Herausgebers Oliver Busch, Head of Agency bei Facebook. Ausgehend von der beschriebenen Situation ergibt sich folgende Forschungsfrage:

Welche Herausforderungen und Chancen existieren im deutschen Markt des PA?

Das Ziel der Untersuchung im Rahmen der Masterarbeit ist die Ermittlung von möglichen Herausforderungen und Chancen im PA. Die frühzeitige Kenntnis der Herausforderungen ist sehr wichtig, um auf dieser Wissensbasis entsprechende Lösungsmöglichkeiten zu entwickeln. Unter Chancen sind Perspektiven zu verstehen, die eine zunehmende Etablierung des PA in Deutschland vorantreiben können.

Im Folgenden wird der Gang der Untersuchung von Kapitel 1 bis 7 erläutert. Die Problemstellung sowie die Zielsetzung (siehe Kap. 1) wurden bereits oben dargestellt. Die Definition wichtiger Begriffe und die Vorstellung der Marktteilnehmer erfolgt im nächsten Abschnitt (siehe Kap. 2). Um die oben erklärte Zielsetzung einzuleiten, werden aus unterschiedlichen Literaturquellen die wichtigsten Herausforderungen und Chancen im deutschen Markt des PA ermittelt und anschließend in einer Tabelle zusammengetragen (siehe Kap. 3). Im Schlussteil des dritten Kapitels lassen sich anhand der gewonnenen Ergebnisse mögliche Annahmen zu den Herausforderungen und Chancen im PA ableiten. Auf Basis der Annahmen wird ein Fragbogen für die Datenerhebung mittels Interviews mit ausgewählten Experten entwickelt und anhand von Pretests optimiert. Aus Gründen einer vereinfachten Lesbarkeit wird im Folgenden bei der Nennung eines Experten auf das Hinzufügen der

---

[8] Vgl. IAB in Statista: Hindernisse, Stand 05.2014a, Abruf 15.10.2015.
[9] Vgl. IAB in Statista: Gründe, Stand 05.2014b, Abruf 15.10.2015.

weiblichen Form verzichtet. Darüber hinaus werden die drei Begriffe „Experte", „Befragter" und „Interviewpartner" synonym verwendet. Die erhobenen Daten werden transkribiert und ausgewertet (siehe Kap. 4). Anschließend erfolgen die Darstellung und die Interpretation der Ergebnisse. Im nächsten Abschnitt werden die in Kapitel 3 getroffenen Annahmen unter Zuhilfenahme der Ergebnisse aus der Datenauswertung überprüft und kritisch gewürdigt (siehe Kap. 6). Die gesamte Untersuchung endet mit einem zusammenfassenden Ausblick über das PA (siehe Kap. 7).

2 Theoretische Grundlagen für Programmatic Advertising

In diesem Kapitel werden wichtige Begriffe erklärt, die das Verständnis der vorliegenden Untersuchung unterstützen sollen.

2.1 Definition

Das PA wird als die automatisierte Ausstreuung einzelner Werbekontaktchancen in Echtzeit definiert. Wie aus der Einleitung hervorgeht, hat das PA seinen Ursprung im traditionellen Display Advertising. In beiden Werbeformen verkauft der Werbeträger (Publisher) die freien Werbeflächen (Inventar) auf seiner Webseite an den Werbetreibenden (Advertiser). Im Gegensatz zum traditionellen Display Advertising wird innerhalb des PA nicht mehr mit teilweise unbekannten Umfeldern zum TKP (Tausend-Kontakt-Preis) gehandelt, sondern mit einzelnen User-Profilen als Werbekontaktchancen jeweils zu einem eTKP[10] (effektiver Tausend-Kontakt-Preis). Zu jeder einzelnen Werbekontaktchance wird eine Werbeeinblendung (Ad Impression) ausgestrahlt.[11] Zu Beginn des PA konnten ausschließlich klassische Werbeformate als Werbebanner automatisiert gehandelt werden. Mittlerweile ist der Verkauf und Einkauf diverser Formate (Rich Media) im PA möglich.[12] Der Handel von Werbekontaktchancen zwischen Advertiser und Publisher verläuft in weniger als 100 Millisekunden. Den Echtzeithandel realisieren technische Plattformen, die in Kapitel 2.3 vorgestellt werden.

In Zusammenhang mit PA wird in der Literatur auch oft von Realtime Advertising (RTA) und Realtime Bidding (RTB) gesprochen. Das RTB ist der technische Prozess zum automatisierten Preisfindungsverfahren innerhalb des PA. Vergleichbar mit einem Auktionsverfahren, wird in Echtzeit der höchstbietende Käufer einer Werbekontaktchance festgelegt. Dabei kommt

---

[10] Der eTKPs ist eine Rechengröße, um verschiedene Abrechnungsmodelle vergleichbar zu machen.

[11] Vgl. Schroeter, Andreas et al.: Real Time Advertising, Stand 09.2013, Abruf 16.10.2015, S. 12.

[12] Vgl. Eyeota, Kristina Propok: Programmatic, Stand 13.07.2015, Abruf 16.10.2015.

das Prinzip der Vickrey Auction (Zweitpreisauktion) zum Einsatz. Das bedeutet, dass der Käufer mit dem Maximalgebot den Preis des Zweithöchstbietenden zuzüglich eines Aufschlags von einem Cent zahlt.[13,14] In der Vergangenheit wurde statt PA von RTA gesprochen. Teilweise werden diese Begriffe noch heute synonym verwendet.[15] Der Unterschied besteht darin, dass im RTA lediglich das RTB zum Einsatz kommt. PA ist als eine Erweiterung des RTA zu verstehen. Im PA sind zusätzlich zu den Standard-Werbeformaten aus dem RTA neue Werbeformate möglich (siehe Kap. 1). Zudem kommen im PA nicht nur das RTB, sondern weitere Preisfindungsverfahren in unterschiedlichen Geschäftsmodellen zum Einsatz (siehe Kap. 2.4).[16]

2.2 Datenarten, Targeting-Methoden und Datenschutzgesetz

Im PA wird mit einzelnen Werbekontaktchancen gehandelt. Dabei ist die Identifikation individueller User-Profile anhand von User-Daten von großer Bedeutung.

Die wesentlichen Datenarten

First-Party Data, wie z. B. das Kaufinteresse eines Users oder dessen demografische Informationen, können von Advertisern oder Publishern selbst auf der eigenen Webseite erhoben werden. First-Party Data stehen im Vergleich zu anderen Datenarten den datenerhebenden Unternehmen kosten-frei zur Verfügung stehen.[17]

Third-Party Data hingegen werden durch spezielle Datenanbieter gesammelt und an Datenanwender wie z. B. Advertiser oder Publisher verkauft. Diese

---

[13] Vgl. Schroeter, Andreas et al.: Real Time Advertising, Stand 09.2013, Abruf 16.10.2015, S. 15.

[14] Vgl. Koch, Thomas in BVDW: 2013/2014, Stand 29.08.2013, Abruf 16.10.2015, S. 29.

[15] Vgl. Elias, Nadja: Programmatic Advertising, Stand 27.03.2015, Abruf 16.10.2015.

[16] Vgl. Zarnic, Stefan/ Busch, Oliver in BVDW: 2015/2016, Stand 08.2015a, Abruf 16.10.2015, S. 4f.

[17] Vgl. Korth, Alexander in Zunke, Karsten: Mediaplan, 27.05.2015, Abruf 19.10.2015.

User- und Umfeld-bezogenen Informationen werden grundsätzlich zu First-Party Data herangezogen.[18]

Nicht nur die Verfügbarkeit großer Datenmengen, sondern auch deren Qualität spielt bei einer User-Identifikation eine große Rolle. Daher sollte beim Zukauf von Daten deren Relevanz für einen spezifischen Zweck geprüft werden.[19]

Targeting-Methoden

Nach der Erstellung von User-Profilen können User als Werbekontaktchancen durch diverse Targeting-Methoden zielgerichtet angesprochen werden. Dabei werden z. B. demografische Daten sowie das Such- und Surfverhalten ausgewertet, um daraus Bedürfnisprofile sowie Produkt- und Dienstleistungsinteressen abzuleiten.[20] Im Folgenden wird beispielhaft eine Targeting-Methode vorgestellt. Im Gegensatz zum Retargeting, bei dem bereits bekannte User wiederholt angesprochen werden, liegt der Fokus des Lookalike Targeting auf der Ansprache unbekannter User. Ein neuer User wird als statistischer Zwilling bezeichnet, wenn seine Charakteristika und Interessen im Web einer bereits bekannten Zielgruppe ähneln. Die Qualität dieser Zwillingsbildung steigt mit der Zunahme des Ähnlichkeitsgrades der Vergleichsgruppen und demzufolge mit der Verfügbarkeit großer, relevanter und qualitativ wertvoller Daten.[21,22]

Generell ist bei der Anwendung von Targeting-Methoden wichtig, dass sich eine Zielgruppenansprache konsequent am ermittelten Interessenspektrum des Users orientiert.

---

[18] Vgl. BVDW: 2015/2016, Stand 27.08.2015a, Abruf 18.10.2015, S. 90.
[19] Vgl. Lämmel, Uwe/ Cleve, Jürgen: Data Mining, 2014, S. 7.
[20] Vgl. Kreutzer, Ralf T.: Praxisorientiertes Online-Marketing, 2014, S. 4.
[21] Vgl. Plattner, Hasso/ Schapranow, Matthieu-P.: Data Analysis, 2014, S. 23.
[22] Vgl. Staves, Ben: Lookalike Targeting, Stand 14.05.2015, Abruf 19.10.2015.

Datenschutzgesetz

Unternehmen sollten für eine ordnungsgemäße Datenbeschaffung über den aktuellen Stand des Datenschutzgesetzes informiert sein. Die im deutschen Online-Bereich wichtigsten gesetzlichen Bestimmungen sind im BDSG (Bundesdatenschutzgesetz) und im TMG (Telemediengesetz) geregelt.[23] Bezugnehmend auf das BDSG und TMG werden personenbezogene sowie pseudonyme und anonyme Daten im Folgenden definiert.

Laut § 3 Abs. 1 BDSG sind „personenbezogene Daten Einzelangaben über persönliche oder sachliche Verhältnisse einer bestimmten oder bestimmbaren natürlichen Person (Betroffener)".[24] Beispiele für diese Daten sind Name, Adresse, Telefonnummer und E-Mail-Adresse zur Identifikation eines Users.[25]

Laut § 3 Abs. 6a BDSG ist unter Pseudonymisieren das Ersetzen des Namens und anderer Identifikationsmerkmale eines Users durch einen Code zu verstehen.[26] Ein typisches Beispiel ist die User-ID in einem Cookie. Diese ID kann aber auch dekodiert werden, um den Inhaber des Schlüssels zu identifizieren. Dementsprechend sind pseudonyme Daten reversibel. Sind diese Daten nicht reversibel, handelt es sich um anonyme Daten.[27]

Laut § 3 Abs. 6 BDSG liegen anonyme Daten vor, wenn personenbezogene Daten derart verändert werden, dass die Einzelangaben über persönliche oder sachliche Verhältnisse nicht mehr oder erheblich erschwert einer bestimmten Person zugeordnet werden können.[28]

Eine Unterscheidung zwischen anonymen und personenbezogenen Daten im PA ist von großer Bedeutung. Die Nutzung und Verbreitung anonymer Daten

---

[23] Vgl. Eickmeier, Frank in BVDW: 2015/2016, Stand 27.08.2015a, Abruf 19.10.2015, S. 42.

[24] Bundesministerium der Justiz und für Verbraucherschutz: BDSG, Stand 25.02.2015a, Abruf 19.10.2015.

[25] Vgl. Eickmeier, Frank in BVDW: 2015/2016, Stand 27.08.2015a, Abruf 19.10.2015, S. 42.

[26] Vgl. Bundesministerium der Justiz und für Verbraucherschutz: Bundesdatenschutzgesetz (BDSG), Stand 25.02.2015, Abruf 19.10.2015.

[27] Vgl. Eickmeier, Frank in BVDW: 2015/2016, Stand 27.08.2015a, Abruf 19.10.2015, S. 42.

[28] Bundesministerium der Justiz und für Verbraucherschutz: Bundesdatenschutzgesetz (BDSG), Stand 25.02.2015a, Abruf 19.10.2015.

ist ohne Einwilligung des Users zulässig, da diese Daten nicht reversibel sind.[29] Hingegen benötigt die Erhebung und Verwendung personenbezogener Daten einer eindeutigen und bewussten Einwilligung des Users gemäß § 13 TMG Abs. 2.[30] Die deutschen Datenschutzrichtlinien sind im Vergleich zu denen anderer europäischer Länder und denen der USA aufgrund von vermehrten Restriktionen in der Datenbeschaffung strenger. Es herrscht somit eine eingeschränkte Datenverfügbarkeit in Deutschland. Wie bereits erwähnt, funktioniert das PA nicht ohne Daten. Das strenge Datenschutzrecht stellt deshalb eine Herausforderung für alle am PA teilnehmenden deutschen Unternehmen dar.[31] In der nachfolgenden Untersuchung zu den Herausforderungen der Marktteilnehmer (siehe Kap. 3) wird auf das strenge Datenschutzgesetz in Deutschland nicht wieder explizit hingewiesen. Zudem werden ebenso die beiden Hindernisse, also der vermehrte Einsatz des Ad Blockers durch User sowie die Problematik der lückenlosen Abbildung des Customer Journey, nicht weiter thematisiert. Diese drei Themen stellen nicht allein für das PA, sondern auch für andere Bereiche des Online Marketing eine Herausforderung dar.[32,33]

---

[29] Vgl. Eickmeier, Frank in BVDW: 2015/2016, Stand 27.08.2015a, Abruf 19.10.2015, S. 42.

[30] Vgl. Bundesministerium der Justiz und für Verbraucherschutz: TMG, Stand 17.07.2015b, Abruf 19.10.2015.

[31] Vgl. Ehrlich, Matthias: Adtrader Konferenz, Stand 2014, Abruf 20.10.2015, S. 5f.

[32] Vgl. Raifman, Gregory R.: Ad-Blocker, Stand 18.11.2015, Abruf 18.11.2015.

[33] Vgl. Kiessling, Tobias: So kommt der Erfolg, Stand 13.05.2015, Abruf 18.11.2015.

2.3 Vorstellung der Marktteilnehmer

In diesem Kapitel werden die wichtigsten Marktteilnehmer im PA unter Zuhilfe-nahme von Darstellung 1 vorgestellt. Diese Darstellung basiert auf einem von der IAB veröffentlichten Schaubild.[34] Zwei der im Schaubild von der IAB aufgeführten Marktteilnehmer, Ad Network[35] und Ad Server[36], werden in der zugrundeliegenden Darstellung nicht aufgeführt. Denn diese existieren eben-falls im traditionellen Display Advertising und ihre Rolle im PA hat sich nicht wesentlich verändert. Darüber hinaus ist fraglich, ob Ad Networks in Zukunft von Bedeutung sein werden, sodass diese keinen elementaren Stellenwert für das PA haben und auch künftig nicht haben werden.[37,38]

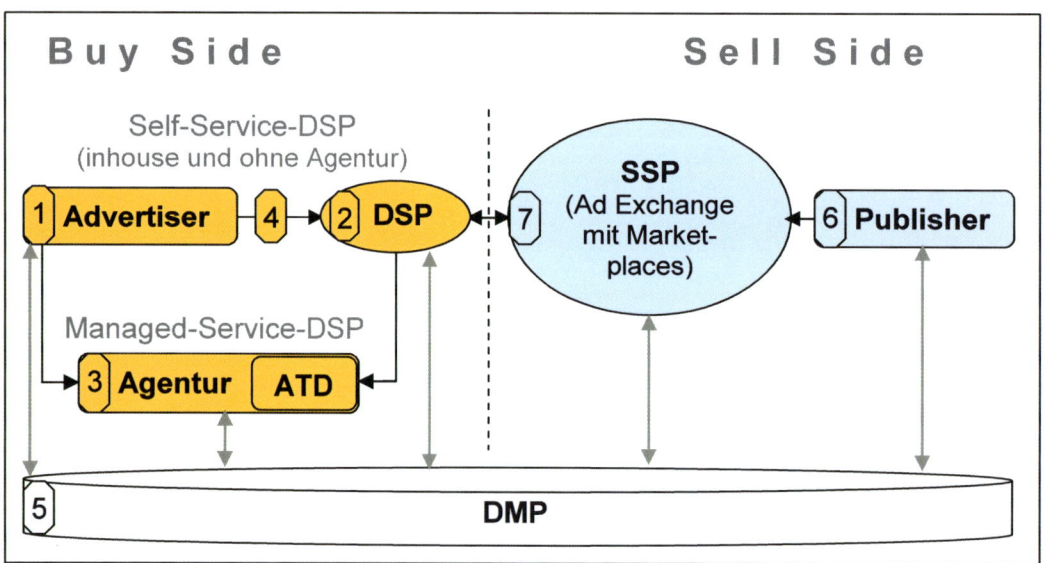

Darstellung 1: Marktteilnehmer im Programmatic Advertising[39,40]

---

[34] Vgl. IAB: RTB Project, Stand 09.2014, Abruf 16.11.2015, S. 3.

[35] Ein Ad Network (Online-Werbenetzwerk) kann entweder für die Buy Side oder für die Sell Side fungieren und Werbetreibende und Webseite-Betreiber zusammenbringen.

[36] Ein Ad Server kann entweder für die Buy Side oder für die Sell Side fungieren. Er ist für die Auslieferung und Verarbeitung von Werbemitteln verantwortlich. Der Ad Server speichert Daten wie Ad Impressions, Ad Visibility und Ad Clicks, die für das Reporting genutzt werden.

[37] Vgl. Oschatz, Matthias in Rauchhaupt, Jens: Evolution der Performance-Displaywerbung, Stand 25.03.2014, Stand 26.10.2015.

[38] Vgl. Brosche, Kolja et al.: Vermarkter, Stand 09.12.2014, Abruf 23.10.2015.

[39] In Anlehnung an IAB: RTB Project, Stand 11.2014, Abruf 16.11.2015, S. 3.

[40] In Anlehnung an Schroeter, Andreas et al.: Die Zukunft des Display Advertising, Stand 2012, Abruf 14.11.2015, S. 17.

Buy Side und Sell Side

Der obigen Darstellung ist zu entnehmen, dass die mit der Farbe Orange markierten Marktteilnehmer der Buy Side zugeordnet sind. Unter Buy Side ist die Einkaufsseite zu verstehen, die für den Erwerb von Werbeflächen bzw. Inventar zuständig ist. Advertiser und den Einkauf unterstützende Marktteilnehmer bilden das Ökosystem der Buy Side. Demgegenüber stehen die mit Blau gekennzeichneten Marktteilnehmer auf der Sell Side. Die Sell Side als Verkaufsseite verantwortet den Vertrieb von Inventar. Publisher und den Verkauf unterstützende Marktteilnehmer sind in das Ökosystem der Sell Side einzuordnen.[41] Obwohl manche DSPs damit werben, dass sie eine integrierte DMP besitzen, ist eine DMP als ein von anderen Marktteilnehmern unabhängiger Data Provider für diverse Unternehmen zu verstehen.[42,43] Aus diesem Grund wird die DMP in keine der beiden Gruppen (Buy Side bzw. Sell Side) eingeordnet und ist in Darstellung 1 mit Grau hervorgehoben. Der Grafik sind zudem Nummerierungen zu entnehmen. Sie dienen als Orientierungshilfe für die nachfolgenden Erklärungen von Schritt eins bis sieben.[44]

(1) Wie bereits erwähnt, möchte der <u>Advertiser</u> Inventar kaufen, um seine Werbemittel auf der Webseite bestimmter Publisher (siehe Nr. 6) zu platzieren. Vor dem Kauf hat er Gütekriterien für die Bewertung der Qualität des Inventars festgelegt, die unter den Gliederungspunkten a) bis e) erläutert werden.[45]

a) Der Advertiser ist bestrebt, seine Werbemittel auf thematisch ähnlichen Webseiten zu platzieren. Davon verspricht er sich, dass ein großer Anteil seiner Zielgruppe solche Webseiten besucht. Die <u>Umfeld-Qualität</u> ist somit eines der Gütekriterien. Ein bestimmtes Umfeld auf einer Webseite wird

---

[41] Vgl. Proband 1/ Busch, Oliver: Realtime Advertising, Stand 12.08.2013, Abruf 21.10.2015, S. 5f.

[42] Vgl. Urbanz, Anna in Zunke, Karsten: Mediaplan, Stand 27.05.2015, Abruf 19.10.2015.

[43] Vgl. Marshall, Jack: data management platform, Stand 15.01.2014, Abruf 20.10.2015.

[44] Vgl. IAB: The Evolution of Online Display Advertising, Stand 13.05.2012, Abruf 20.10.2015, Video-Minute 03:08-08:37.

[45] Vgl. Frank, Markus/ Büchel, Sabrina in BVDW: 2015/2016, Stand 08.2015a, Abruf 21.10.2015, S. 18f.

als umso qualitativ wertvoller eingeschätzt, je ähnlicher die User-Profile auf der Webseite des Publishers und der Zielgruppe des Advertisers sind.[46]

b) Brand Safety soll gewährleisten, dass die Werbemittel des Advertisers nicht auf markenschädigenden Werbeplätzen ausgestrahlt werden. Eine solche Imageschädigung und damit verbunden ein Rückgang seiner Umsätze bedeuten für einen Advertiser ein finanzielles Risiko. Welches Inventar und Webseiten für einen Advertiser ungeeignet sind, hängt von der jeweiligen Werbewirkung ab, die der Advertiser mit seinem Werbemittel erzielen möchte.[47]

c) Die Platzierung gibt Auskunft darüber, inwieweit die Werbemittel des Advertisers auf einer für den User sichtbaren Fläche positioniert werden, sodass die Chance einer Werbewirkung steigt. Werbemittel werden kaum wahrgenommen, wenn sie in einem unsichtbaren Bereich der Webseite platziert werden.[48]

d) Mit der Viewability der Werbemittel wird die Wahrscheinlichkeit antizipiert, ob und wie lange eine Ad Impression auf der Werbefläche zu sehen sein wird.[49]

e) Beim Online-Werbebetrug bzw. Ad Fraud entstehen Streuverluste[50] und im Allgemeinen ein finanzieller Schaden für Advertiser. Dabei bezahlen Advertiser eine Ad Impression, doch erreicht die Werbung entweder keinen oder einen User, der nicht der zuvor definierten Zielgruppe zugeordnet ist.[51,52]

---

[46] Vgl. Nienaber, Tjalf: Mehr Erfolg mit Online-Netzwerken, 2010, S. 134.

[47] Vgl. Sawtschenko, Peter/ Herden, Andreas: Rasierte Stachelbeeren, 2000, S. 12.

[48] Vgl. Kollewe, Tobias/ Keukert, Michael: Praxiswissen E-Commerce, 2014, S. 279.

[49] Vgl. Dempster, Craig/ Lee, John; The Rise of the Platform Marketer, S. 180.

[50] Unter Streuverlusten sind zusätzliche Kosten zu verstehen, welche durch die Streuung von Werbemitteln denjenigen Werbeempfängern eingeblendet werden, welche nicht zur definierten Zielgruppe gehören.

[51] Vgl. Perlich, Claudia: Dstillery, 2014, S. 158ff.

[52] Vgl. Alfreitor, Taisija: Ad Fraud, Stand 17.11.2015, Abruf 19.11.2015.

(2) Die <u>DSP</u> (Demand-Side-Plattform) unterstützt den Advertiser bei der Biet-strategie und übernimmt automatisiert den Einkauf von Werbekontakten von der Verkaufsplattform SSP (siehe Nr. 7). Im auktionsbasierten Geschäftsmodell bewertet die DSP vor der Abgabe eines Gebots für eine Werbefläche deren Qualität auf Basis von historischen Daten.[53] Eine DSP kann mit einem <u>Ad Server</u> gekoppelt sein. Ein Ad Server für die Buy Side verwaltet die Banner des Advertisers und speichert meist auch Daten wie Ad Impressions oder Ad Clicks.[54] Wie bereits oben erklärt, soll der Ad Server nicht weiter thematisiert werden und ist deshalb nicht im Schaubild gekennzeichnet. Ein weiterer Grund für das Auslassen des Ad Servers ist, dass sich seine Aufgaben im PA von denen innerhalb des traditionellen Display Advertising nicht oder kaum unterscheiden.[55]

Der Advertiser kann sich entweder für eine <u>Managed-Service-DSP</u> (siehe Nr. 3) oder für eine <u>Self-Service-DSP</u> (siehe Nr. 4) entscheiden.

(3) Sofern der Advertiser eine <u>Managed-Service-DSP</u> einsetzt, benötigt er die Beratungsdienstleistung einer <u>Agentur</u>. Die Agentur bucht die Werbe-flächen im Auftrag des Advertisers. In Zusammenarbeit definieren beide das Maximalgebot für eine Ad Impression. Für eine präzise Angabe eines Maximalgebotes legen sie im Vorfeld KPIs zur Messung und Bewertung der Güteklasse des Inventars fest. Von qualitativ hochwertigem Inventar versprechen sie sich die Reduzierung von Streuverlusten und die Erhöhung der Conversion-Wahrscheinlichkeit der eigenen Zielgruppe.[56,57] Die dafür notwendigen, wesentlichen Qualitätsanforderungen wurden bereits dargelegt (siehe Nr. 1).

In Darstellung 1 ist das Akronym <u>ATD</u> (Agentur Trading Desk) zu finden. Die ATD ist eine Abteilung innerhalb einer Agentur. Hauptsächlich große

---

[53] Vgl. Busch, Oliver in BVDW: 2014/2015, Stand 08.09.2014, Abruf 22.11.2014, S. 11.

[54] Vgl. BVDW: 2015/2016, Stand 27.08.2015a, Abruf 22.10.2015. S. 89.

[55] Vgl. Seebohn, Joachim: Gabler Kompakt-Lexikon Werbepraxis, 2005, S. 3.

[56] Vgl. Gutmann, Joachim/ Schneider, Jan Ole: Kennzahlen in der betrieblichen Praxis, S. 10.

[57] Vgl. Pepels, Werner: Handbuch des Marketing, 2012, S. 778ff.

Agenturen besitzen eine ATD.[58] Die ATD übernimmt die Anbindung an die DSP, um Inventar für den Advertiser einzukaufen. Weitere Aufgaben sind das Kampagnenmanagement, die Festlegung der Gebote für eine Werbekontaktchance, die Auswahl des Inventars, das Tracking von Conversions, die Messung der Performance, das Hochladen von Werbemitteln sowie die Datenpflege für den Advertiser.[59] Im Managed-Service-DSP ist der Vorteil für den Advertiser, dass er kein internes Know-how benötigt, da er das Betreiben der DSP als Dienstleistung an die Agentur bzw. ATD auslagert.[60]

Neben der ATD existiert die ITD (Independent Trading Desk), welche als eine von der Agentur unabhängige Trading Desk agiert. Sie erlaubt Advertisern die Teilnahme am PA ohne eine Agentur.[61] Aufgrund der mangelnden Thematisierung der ITD in der Literatur wird sie im Folgenden nicht weiter berücksichtigt.

(4) Sofern der Advertiser seine eigene Self-Service-DSP im Unternehmen aufbaut, betreibt er PA inhouse und benötigt die Beratungsdienstleistung einer Agentur nicht. Der Vorteil ist, dass er keine Honorare an die Agenturen bezahlt. Der Nachteil besteht allerdings darin, dass er selbstständig die damit verbundenen Aufgaben (siehe Nr. 3) übernehmen muss. Dafür benötigt der Advertiser Fachkräfte und internes Know-how.[62]

> Von diesen beiden Arten der DSPs steht in der gesamten Untersuchung die Managed-Service-DSP im Mittelpunkt. Die Herausforderungen und Chancen werden lediglich für die Managed-Service-DSP ermittelt. Die Self-Service-DSP wird kaum thematisiert, da sie keinen Marktteilnehmer an sich darstellt, sondern inhouse durch einen Advertiser aufgebaut

---

[58] Vgl. McNab, Ross: Media Exchange, Stand 08.06.2011, Abruf 22.10.2015.
[59] Vgl. Schroeter, Andreas et al.: Real Time Advertising, Stand 09.2013, Abruf 14.11.2015, S. 19.
[60] Vgl. Rinderle, Stefanie: Realtime Bidding, Stand 2013, Abruf 22.10.2015,
[61] Vgl. BVDW: 2015/2016, Stand 27.08.2015a, Abruf 22.10.2015. S. 97.
[62] Vgl. Schroeter, Andreas et al.: Real Time Advertising, Stand 09. 2013, Abruf 14.11.2015, S. 19.

und betrieben werden muss. Wird im Folgenden von der DSP gesprochen, ist damit die Managed-Service-DSP gemeint.

(5) Die <u>DMP</u> (Data-Management-Plattform) als ein unabhängiger Data Provider ist mit allen Marktteilnehmern gekoppelt, um ihnen vor allem Third-Party Data zu verkaufen.[63] Sie sammelt und verwaltetet Online- und Offline-Daten in Echtzeit sowie kanal- und anbieterübergreifend. Daraus lassen sich Zielgruppensegmente für das Targeting von Usern bereit-stellen.[64]

(6) Der <u>Publisher</u> verkauft automatisiert und in Echtzeit freie Werbeflächen auf seiner Webseite an die Buy Side über die angeschlossene SSP (siehe Nr. 7). Er kann sein Inventar entweder eigenständig oder über einen Vermarkter (z. B. Ad Network) vertreiben.[65] Mit dem Aufkommen des PA übernehmen die meisten deutschen Publisher den Verkauf ihres Inventars selbstständig, also ohne Vermarkter.[66,67]

(7) Um sein Inventar anzubieten, ist der Publisher mit der Verkaufsplattform <u>SSP</u> (Supply-Side-Plattform) verbunden. Die SSP macht das vorhandene Inventar des Publishers für den automatisierten und auktionsbasierten Verkaufsprozess zugänglich. Sie ist über verschiedene Einkaufsplattfor-men (DSPs) angeschlossen und ermöglicht eine technologiebasierte Kommunikation. Dadurch kann der automatisierte Handel zwischen Advertiser und Publisher stattfinden.

Die Kernfunktion der SSP ist das Yield Management des Publishers. Die SSP maximiert den Ertrag des Publishers bei gegebenem Inventar. Dabei generiert sie jeweils den höchstmöglichen Preis pro Werbekontakt (eTKP) für den Publisher. Dafür sind Daten, bspw. von der DMP, notwendig. Je mehr qualitativ wertvolle Daten der SSP zur Verfügung stehen, desto

---

[63] Vgl. Lehning, Thomas et al.: Marketing IT, 2015, S. 136.
[64] Vgl. Dempster, Craig/ Lee, John; The Rise of the Platform Marketer, 2015, S. 182.
[65] Vgl. Busch, Oliver in BVDW: 2014/2015, Stand 08.09.2014, Abruf 23.10.2015, S. 11.
[66] Vgl. Horrolt, Alexander in Wagner, Stefan: Publisher, Stand 2015, Abruf 23.10.2015.
[67] Vgl. Internet World Business: Da soll sich einer auskennen, Stand 07.2013, Abruf 25.11.2015.

präziser und transparenter kann sie das Inventar des Publishers für die Buy Side beschreiben.[68] Dadurch lässt sich das Premium-Inventar vom Restplatz-Inventar besser abgrenzen. Der sich daraus ergebende Vorteil für Publisher ist, dass wenig Gefahr besteht, hochwertiges Inventar zu niedrigen eTKPs der DSP anzubieten. Advertiser profitieren auch von einer konkreten Information über das Inventar, da sie nicht nur ihre Brand Safety gewährleisten, sondern auch Streuverluste minimieren können.

Der Darstellung des Marktteilnehmers SSP ist auch die Bezeichnung „Ad Exchange mit Marketplaces" zu entnehmen. Die Ad Exchange ist, ähnlich wie die SSP, ein Online-Marktplatz für den Handel von Inventar zwischen der Buy Side und der Sell Side.[69] Eine Ad Exchange eröffnet den Publishern somit einen weiteren Vermarktungskanal für ihr Inventar. In den Ad Exchanges wird die oben beschriebene Funktionalität der SSPs eingesetzt.[70] Beide Technologien wurden in der Vergangenheit zum Teil voneinander losgelöst betrachtet. Mittlerweile hat aber fast jede SSP einen Zugang zu Online-Marktplätzen, den auch eine Ad Exchange bietet. Die IAB fasst die SSP und die Ad Exchange ebenfalls als einen Marktteilnehmer zusammen.[71] Demnach wird in der vorliegenden Untersuchung nicht mehr zwischen SSP und Ad Exchange unterschieden, sondern es wird ausschließlich von der SSP gesprochen.

Innerhalb der SSPs existieren zwei Wege für den Handel von Inventar zwischen Advertiser und Publisher. Diese Arten der Vermarktungskanäle bilden die beiden Geschäftsmodelle im PA, die im nachfolgenden Kapitel vorgestellt werden.

---

[68] Vgl. BVDW: 2015/2016, Stand 27.08.2015a, Abruf 22.10.2015. S. 97.

[69] Vgl. DoubleClick: Ad Exchange Marketplace for Buyers, Stand 06.07.2015, Abruf 17.11.2015, Video-Minute 00:00-00:22.

[70] Vgl. BVDW: 2015/2016, Stand 27.08.2015a, Abruf 22.10.2015. S. 89.

[71] Vgl. IAB: RTB Project, Stand 11.2014, Abruf 16.11.2015, S. 3ff.

2.4 Geschäftsmodelle

Mit Darstellung 2 und den Erläuterungen in

a) Open Marketplace und

b) Private Marketplace

wird der Unterschied zwischen den beiden Geschäftsmodellen aufgezeigt.

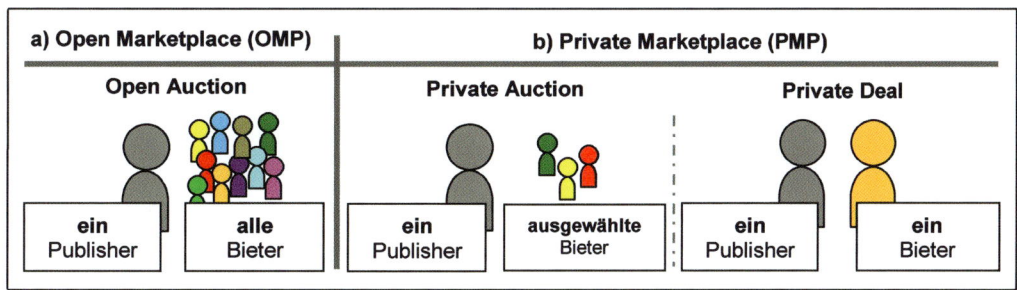

Darstellung 2: Geschäftsmodelle OMP und PMP[72]

a) Sofern eine beliebige „DSP x" mit einer beliebigen „SSP x" gekoppelt ist, hat jeder Advertiser bzw. seine Agentur, der mit dieser „DSP x" verbunden ist, auch Zugang zur „SSP x". Folglich kann jeder Advertiser seine Werbemittel auf den Werbeflächen des Publishers platzieren, der mit „SSP x" gekoppelt ist. Dieses Geschäftsmodell wird als OMP (Open Marketplace) bezeichnet, das in Darstellung 2 unter dem Gliederungspunkt „a)" gekennzeichnet ist. Dabei kommt das Auktionsverfahren Open Auction zwischen Verkäufer (Publisher) und Käufer (Bieter) zum Einsatz. Die Open Auction erlaubt durch das Verfahren des RTB (siehe Kap. 2.1) allen am PA teilnehmenden Bietern der Buy Side, auf eine Ad Impression eines Publishers zu bieten. Der Höchstbietende gewinnt nach der Vickrey Auction das Auktionsverfahren.[73]

Aus diesem Grund wird der OMP in manchen Fachkreisen auch als Open RTB bezeichnet.[74]

---

[72] In Anlehnung an Böckmann, Max: Real-Time-Advertising, Stand o.J., Abruf 27.10.2015, S. 3.

[73] Vgl. Koch, Thomas in BVDW: 2013/2014, Stand 29.08.2013, Abruf 25.11.2015, S. 31.

[74] Vgl. Simons, Julian: Private Exchanges, Stand 01.09.2015, Abruf 25.11.2015.

b) Das zweite Geschäftsmodell, <u>PMP</u> (Private Marketplace), ist die Weiterentwicklung des OMP. Laut eines Artikels von der Internet World Business, ein Fachmagazin für Online Marketing und E-Commerce, sollen sich seit Anfang 2013 immer mehr deutsche Unternehmen für das neue Geschäftsmodell PMP entschieden haben.[75] Im PMP existieren zwei Möglichkeiten für den Handel von Inventar. Die erste Variante ist ein Auktionsverfahren, die Private Auction, welche wie die Open Auction mit dem RTB funktioniert. Dabei legt der Publisher fest, welchen ausgewählten Advertisern er sein Inventar anbieten möchte. Die zweite Möglichkeit innerhalb der PMPs ist der Private Deal, auch Preferred Deal genannt. Dabei findet der Handel von Inventar ausschließlich zwischen einem Publisher und einem Advertiser statt. In Private Deals legt der Publisher einen fixen eTKP für jede seiner Werbeflächen fest. Allerdings kommt hier kein Auktionsverfahren zum Einsatz. Private Deals werden in Fachkreisen auch als Automated Guaranteed bezeichnet, weil der Publisher dem Advertiser ein vereinbartes Inventarvolumen garantiert.[76] Private Deals bieten dem Advertiser die Möglichkeit des First Look. First Look meint jedoch nicht, dass der Advertiser automatisch das Vortrittsrecht hat, spezifische Informationen über das Inventar zu bekommen oder das Inventar als Erster abzulehnen. Der Advertiser sollte daher beim Publisher erfragen, welche Vortrittsrechte ihm unter dem First Look gewährt werden. Ein First Look kann sich entweder auf das gesamte Inventar oder auf einen Teil dessen beziehen.[77]

Die Aufgabe der SSP in Private Deals ist die Vergabe von <u>Deal IDs</u>. Diese IDs beinhalten Informationen zu verhandelten Vereinbarungen zwischen Advertiser und Publisher. Mögliche Vertragsgegenstände können Preise oder Informationen zu Werbeplätzen sein. Diese Deal IDs werden in die SSP übertragen. Die SSP sendet dem Advertiser über die DSP eine Deal ID zu, welche die vorab definierten Vereinbarungen beinhaltet.[78]

---

[75] Vgl. Internet World Business: Private Marketplaces, Stand 2013b, Abruf 26.11.2015.
[76] Vgl. Hall, Eric in BVDW: 2015/2016, Stand 27.08.2015a, Abruf 22.10.2015, S. 10.
[77] Vgl. Velev, Dimo: Private Marketplaces, Stand 30.10.2015, Abruf 25.11.2015.
[78] Vgl. Klimkeit, Marco: Mehr Umsatz durch Mehrwert statt Menge, 2014, S. 105.

Inventarklassen in den jeweiligen Geschäftsmodellen

In der nachfolgenden Darstellung 3 sind die beiden in den SSPs möglichen Geschäftsmodelle (PMP und OMP) veranschaulicht. Der Legende der Darstellung ist eine Unterscheidung von zwei Inventarklassen zu entnehmen. Das sogenannte Premium-Inventar ist mit der Farbe Grün, das Restplatz-Inventar mit Rot gekennzeichnet. Im Geschäftsmodell PMP hat der Advertiser über die DSP Zugang zum Premium-Inventar, das als qualitativ hochwertiges Inventar gilt. Es bietet bspw. Vorverkaufsrechte, niedrigere Mindestpreise, Transparenz der Beschaffenheit des Inventars und die Möglichkeit von großformatigen Werbeformen für Branding-Kampagnen. Aus derselben Darstellung geht hervor, dass das mit Blau markierte „nicht verkaufte Premium-Inventar" aus dem PMP in den OMP fließt. Mit dem Übergang in den OMP wandelt sich das Premium-Inventar in Restplatz-Inventar um, welches im OMP erneut für den Verkauf angeboten wird.[79] Dieses Restplatz-Inventar kann schließlich durch die DSP von einem Advertiser bzw. seiner Agentur ersteigert werden.

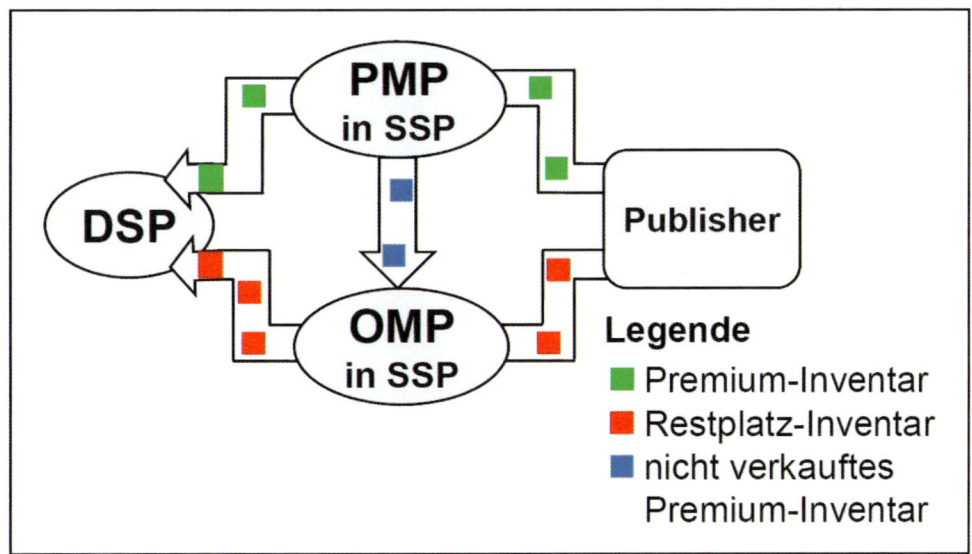

Darstellung 3: Restplatz-Inventar im OMP und Premium-Inventar im PMP[80]

---

[79] Vgl. Vernal, Mervie: Digitales im Verlagswesen, 2012, S. 151.
[80] In Anlehnung an Schott, Alexander: Premium, Stand 07.05.2014, Abruf 25.11.2015.

Übersicht der theoretischen Grundlagen über das Zusammenspiel der Marktteilnehmer anhand eines fiktiven Beispiels

Ein Advertiser, bspw. der Online-Marktplatz AutoScout24.de, möchte für seine Werbekampagne „Gebrauchtwagen" Ad Impressions kaufen, um seine Banner auf mobilen Endgeräten zu platzieren. Der User Maurice ruft die Publisher-Webseite Yahoo.com auf. Es wird angenommen, dass im Moment seines Besuches auf Yahoo.com eine Werbefläche frei ist. Aufgrund der von Maurice hinterlassenen First-Party Data kann Yahoo.com das Profil von ihm wie folgt identifizieren: Maurice interessiert sich seit zwei Wochen für blaue und schwarze Gebrauchtwagen. Um diese Werbekontaktchance präziser beschreiben zu können, kauft Yahoo.com von der DMP zusätzlich Third-Party Data ein. Dadurch wird das User-Profil um die Information ergänzt, dass Maurice in Hamburg wohnt. Der Publisher Yahoo.com bietet nun, bspw. im Geschäftsmodell PMP, die Werbefläche mit der Werbekontaktchance Maurice in der SSP an. Eine mit dieser SSP gekoppelte DSP wird über die SSP informiert, dass diese Werbekontaktchance des User-Profils von Maurice auf einer Werbefläche mit einer hohen Viewability verfügbar ist. Der Advertiser AutoScout24.de hat entweder in der Managed-Service-DSP oder in der Self-Service-DSP vorab festgelegt, <u>welche</u> Werbekontaktchancen auf <u>welchen</u> mobilen Werbeflächen auf <u>welchen</u> Webseiten und zu <u>welchem</u> Maximalpreis versteigert werden sollten. Angesichts dieser Anforderungen von AutoScout24.de und der Informationen über die angebotene Werbekontakt-chance von der SSP entscheidet die DSP, ob sie auf die Werbekontaktchance bieten soll oder nicht. Neben AutoScout24.de bieten aber weitere durch den Publisher ausgewählte Advertiser bzw. Agenturen über ihre angeschlossenen DSPs auf diese Werbekontaktchance. Mit dem Prinzip der Vickrey Auction wird der Werbebanner des Höchstbietenden auf der Werbefläche platziert. Wie bereits definiert (siehe Kap. 2.1) dauert dieser gesamte Prozess weniger als 100 Millisekunden.

Wurde diese Werbekontaktchance im PMP nicht als Premium-Inventar verkauft, wandert dieses in den OMP und wird dort als Restplatz-Inventar angeboten.

3 Herausforderungen und Chancen im Programmatic Advertising

In diesem Hauptteil wird die Kenntnis über die im Kapitel 2 vorgestellten Marktteilnehmer vorausgesetzt. Anhand von Bewertungskriterien erfolgt die Erklärung der Herausforderungen und Chancen für die einzelnen Marktteilnehmer. Zu den meisten Herausforderungen können entsprechende Chancen ermittelt werden.

3.1 Marktteilnehmer auf der Buy Side

Im Kapitel 3.1 werden Herausforderungen und Chancen der Marktteilnehmer auf der Buy Side (Advertiser, DSP und Agentur) dargestellt.

3.1.1 Advertiser

Wie bereits erläutert (siehe Kap. 2.3), ist der Advertiser der Käufer von Inventar für seine Werbemittel.

Bewertungskriterium: Kosten-Nutzen-Verhältnis

Aus wirtschaftlicher Sicht ist es das Ziel eines Advertisers, einen im Verhältnis geringen eTKP für eine entsprechend hohe Werbewirkung bei seiner Zielgruppe zu erreichen.[81] Um bewerten zu können, inwieweit sich die Teilnahme am PA für einen Publisher lohnt, müssen die daraus resultierenden Kosten dem finanziellen Nutzen gegenübergestellt werden.[82]

Chance in Bezug auf das Kosten-Nutzen-Verhältnis: Wie aus Kapitel 2.1 hervorgeht, kaufen Advertiser im PA keine teilweise unbekannten Umfelder zum TKP ein. Sie entscheiden bei jeder angebotenen Werbekontaktchance, ob das entsprechende Inventar gekauft werden soll oder nicht. Folglich können Streuverluste minimiert werden.[83,84] Dadurch sind Einsparungen von

---

[81] Vgl. Kotler, Philip et al.: Grundlagen des Marketing, S.140.
[82] Vgl. Amely, Tobias/ Krickhahn, Thomas: BWL, S. 280.
[83] Vgl. Schroeter, Andreas et al.: Real Time Advertising, Stand 09.2013, Abruf 14.11.2015, S. 12.
[84] Vgl. Henschel, Oliver: Lexikon Eventmanagement, 2010, S.174.

bis zu 50% möglich. Der Vorteil für Advertiser ist die Schonung der vorhandenen Ressourcen. Diese können bspw. für eine wiederholte Ansprache der Zielgruppe eingesetzt werden, die eine geringe Kontaktfrequenz aufweist.[85] Die Wahrscheinlichkeit kann damit erhöht werden, einen User zum Kauf anzuregen oder einen Neukunden zu gewinnen.[86]

Im Vergleich dazu werden die nachfolgenden Ergebnisse aus einer Umfrage von Agenturen, Verkäufern, Digital Professionals sowie von 100 Senior-Level Marketern aus den Märkten UK und USA herangezogen. Von mehr als 100 Befragten sehen 64% die Effizienzsteigerung, 58% die Kostensenkung und 56% die Optimierung in Echtzeit als die Hauptvorteile des PA.[87]

Herausforderung in Bezug auf das Kosten-Nutzen-Verhältnis: Die Teilnahme am PA ist für den Advertiser aber auch mit Investitionskosten verbunden. Bei der Wahl für eine Managed-Service-DSP muss er Lizenzkosten zwischen 15% bis 20% Aufschlag auf den Mediapreis an die Agentur entrichten. Da die Managed-Service-DSP von einer Agentur betrieben wird, fallen für die Agentur Personalkosten an. Üblicherweise legt sie diese Kosten in Höhe von 10% bis 15% auf den Mediaeinkaufspreis um. Für den selbstständigen Betrieb der Self-Service-DSP benötigt der Advertiser nicht nur Startkapital für den Aufbau der DSP, sondern auch Personalkosten für internes Know-how und qualifizierte Fachkräfte. Demzufolge ist die Self-Service-DSP für Advertiser mit zusätzlichen Investitionskosten verbunden.[88]

Zusammenfassend besteht für den Advertiser durch die Teilnahme am PA auf der einen Seite die Chance zur Reduzierung von Streuverlusten. Auf der anderen Seite steht er vor der Herausforderung, dass er sowohl im Managed-Service-DSP als auch inhouse im Self-Service-DSP Investitionskosten tätigen muss. Eine pauschale Beurteilung, ob sich die Teilnahme am PA für alle Advertiser lohnt, ist anhand der verwendeten Literaturquellen nicht möglich. Erst nach einer umfangreichen Kosten-Nutzen-Analyse kann eine Aussage in

---

[85] Vgl. Gertz, Oliver: Das Zeitalter von Content & Connection, 2014, S. 166.
[86] Vgl. Schneider, Andre: Kundenakquise in Social Media Netzwerken, 2013, S. 35.
[87] Vgl. Quantcast in Econsultancy: Programmatic, Stand 29.05.2015, Abruf 20.10.2015, S. 4.
[88] Vgl. Gertz, Oliver: Das Zeitalter von Content & Connection, 2014, S. 169.

Bezug auf die Rentabilität zur Teilnahme für einen Advertiser getroffen werden. Für die Bewertung sollten Einflussfaktoren wie z. B. die Branche, die Unternehmensgröße sowie das Sortiment und weitere Faktoren eines Advertisers berücksichtigt werden.[89]

Bewertungskriterium: Verfügbarkeit von Fachkräften

Herausforderung in Bezug auf den Fachkräftemangel: Im gesamten deutschen Markt des PA herrscht bislang noch ein Mangel an Fachkräften, die ein fundiertes Marktverständnis im PA haben. Für den Advertiser stellt die Knappheit an qualifizierten Arbeitskräften vor allem dann eine noch größere Herausforderung dar, wenn er PA inhouse betreibt. Der Grund dafür ist, dass der Advertiser die Self-Service-DSP selbst und ohne die Unterstützung der Agentur betreiben muss. Folglich benötigt er das Know-how, das eine Agentur als Beratungsleistung an ihn verkauft.[90] Der Fachkräftemangel kann unter anderem daraus resultieren, dass die ersten deutschen Unternehmen erst zu Beginn des Jahres 2010 am PA teilgenommen haben.[91] In den vergangen sechs Jahren hat sich das PA vermutlich noch nicht ausreichend etabliert. Es ist anzunehmen, dass die vergleichsweise geringe Verbreitung des PA die Aus- und Weiterbildung von Fachkräften kaum vorangetrieben hat. Zudem ist die Zeitspanne von sechs Jahren nur bedingt ausreichend, um in dem neuen Markt des PA den Bedarf an Fachpersonal zu decken.

In den beiden Märkten UK und USA stellt der Fachkräftemangel ebenso eine Herausforderung dar. Laut der oben angegebenen Befragung im UK und in den USA stimmten 57% der 100 Befragten zu, dass qualifizierte Fachkräfte im PA fehlen.[92]

---

[89] Vgl. Griga, Michael: Kosten-und Leistungsrechnung, 2010, S. 155.
[90] Vgl. Zawadzki, Viktor: Realtime Advertising, Stand 08.01.2015, Abruf 27.10.2015.
[91] Vgl. Letzner, Markus: Wie aus Skepsis Sympathie wurde, Stand o.J., Abruf 22.11.2015.
[92] Vgl. Quantcast in Econsultancy: Programmatic, Stand 29.05.2015, Abruf 20.10.2015, S. 4.

Bewertungskriterium: Kontrolle über die Einkaufsmacht

Zur Bewertung der Einkaufsmacht der Advertiser werden die in Kapitel 2.4 erklärten Einkaufsmodelle OMP und PMP als Grundlage herangezogen.

Herausforderung in Bezug auf die Einkaufsmacht im OMP: Unter einigen Advertisern herrscht die Annahme, dass hauptsächlich der OMP als Einkaufsmodell im PA geeignet sei. Wie bereits erklärt, erlaubt der OMP allen am PA teilnehmenden Advertisern, auf das Inventar des Publishers zu bieten. Im OMP herrscht jedoch sehr wenig Transparenz hinsichtlich der Qualität des angebotenen Inventars für die Buy Side. Publisher wissen im OMP auch nicht genau, welche Advertiser auf ihr Inventar bieten und welche Werbemittel auf ihrer Webseite platziert werden. Diese mangelnde Transparenz im OMP kritisieren vor allem Großkonzerne, da sie aus dem folgenden Grund einen Verlust ihrer Einkaufsmacht befürchten: Üblicherweise gewähre der Verkäufer großen Abnehmern einen Rabatt oder Bonus. Konzerne hätten aber innerhalb OMPs keine Möglichkeit, einen Preisnachlass auf die großen Abnahmemengen zu bekommen. Sie kritisieren, dass Publisher aufgrund einer fehlenden Transparenz nicht wissen, welcher Advertiser welche Mengen gekauft hat. Infolgedessen behandele der Publisher jeden Advertiser, unabhängig von dem getätigten Einkaufsvolumen, gleich.[93]

Chance in Bezug auf die Einkaufsmacht im PMP: Der Trend zeigt, dass der Handel von Inventar zunehmend auch im PMP stattfindet. Bei großen Agenturen liege der Anteil des direkten Verkaufs im PMP bei 20%. Mit diesem Einkaufsmodell haben Advertiser die Chance, ihre Einkaufsmacht wie folgt beizubehalten: Sofern sich der Advertiser im Geschäftsmodell PMP für den Einkauf von Inventar mit der Private Auction entscheidet, bietet er mit ausgewählten Advertisern auf das Inventar. Der Vorteil ist, dass der Publisher mehr Transparenz über die Advertiser hat als im OMP. Demzufolge besteht für den Advertiser die Möglichkeit, für seine großen Abnahmemengen einen Preisnachlass zu bekommen und somit seine Einkaufsmacht beizubehalten. Wenn der Advertiser jedoch eine noch höhere Transparenz in der Handels-

---

[93] Vgl. Gertz, Oliver: Das Zeitalter von Content & Connection, 2014, S. 168.

beziehung mit dem Publisher wünscht, kann er sich für den Private Deal innerhalb der PMPs entscheiden. Wie in Kapitel 2.4 bereits erläutert, findet der Handel ausschließlich zwischen einem Publisher und einem Advertiser statt. Mit diesem Einkaufsmodell kann der Advertiser versuchen, seine Einkaufsmacht im PA beizubehalten.[94]

<u>Zusammenfassend</u> besteht für Advertiser durch die Teilnahme am PA die Herausforderung, dass Publisher ihnen für ihre großen Einkaufsmengen keinen Rabatt gewähren. Die Angst vor dem Verlust ihrer Einkaufsmacht ist im OMP größer als im PMP. Eine Chance zur Kontrolle und Beibehaltung der Einkaufsmacht für den Advertiser stellt das Geschäftsmodell PMP dar.

Bewertungskriterium: Kontrolle über die Inventar-Qualität

Für Advertiser sind die bereits vorgestellten Gütekriterien (siehe Kap. 2.3 in Nr. 1) zur Bewertung der Inventar-Qualität von großer Bedeutung. Vor dem Kauf einzelner Werbekontaktchancen erwarten sie deshalb konkrete Informationen über die Qualität des Inventars.[95]

Herausforderung in Bezug auf die mangelnde Transparenz der Inventar-Qualität: Advertiser und zum Teil auch Agenturen fordern mehr Transparenz hinsichtlich der Qualität des Inventars in beiden Geschäftsmodellen. Vor allem im OMP befürchten Advertiser den Kontrollverlust des Inventars, weil dort intransparentes Restplatz-Inventar angeboten wird. Wie bereits erläutert (siehe Kap. 2.4), werden im OMP der Buy Side von der Sell Side nur sehr wenige Informationen über das Restplatz-Inventar zur Verfügung gestellt. Die Intransparenz des Inventars wirkt sich negativ auf den Werbeerfolg des Advertisers aus. Wird dem Advertiser der genaue Content der Webseite oder der jeweiligen Werbefläche durch die Sell Side nicht mitgeteilt, kann er nicht oder nur sehr schwer einschätzen, welches seiner Werbemittel speziell auf dieser Werbefläche den meisten Erfolg verspricht. Dadurch kann der Advertiser eines seiner Gütekriterien, die Umfeld-Qualität, nicht gewährleisten.

---

[94] Vgl. Simons, Julian: Private Exchanges, Stand 01.09.2015, Abruf 25.11.2015.
[95] Vgl. Schweiger, Günther/ Schrattenecker, Gertraud: Praxishandbuch Werbung, 2013, S. 35.

Bei einer intransparenten Inventar-Qualität kann auch ein weiteres Güte-kriterium, nämlich die Viewability, verletzt werden. Sofern dem Advertiser die genaue Platzierung des Werbemittels auf einer Webseite vorenthalten wird, besteht die Möglichkeit, dass sein Werbemittel in einem unsichtbaren Bereich erscheint. Der User würde die Ad Impression wahrscheinlich nicht sehen. Ein weiteres und wichtiges Gütekriterium für den Advertiser ist die Vermeidung von Ad Fraud.[96] Durch den Kauf einer intransparenten Werbefläche können Advertiser in die Falle des Online-Werbebetrugs geraten. Zudem haben sie auch Angst vor der Gefährdung ihrer Brand Safety, wenn sie kaum oder nur sehr wenige Informationen über das Inventar erhalten.[97] Die genannte Verletzung der Gütekriterien resultiert in Streuverlusten, verschwendeten Ressourcen und im Allgemeinen in einer Fehlinvestition für Advertiser.[98]

Um diese oben erklärten Gütekriterien prüfen zu können, benötigt der Advertiser eine durch den Publisher bzw. durch die Sell Side konkrete und transparente Beschreibung der Inventar-Qualität. Je intransparenter die Inventar-Qualität ist, umso eine größere Herausforderung stellt diese für den Advertiser dar.[99]

Die Bedenken vieler deutscher Advertiser, dass für sie die Inventar-Qualität unkontrollierbar sei, teilen auch 13% der 100 befragten Experten im UK und in den USA.[100]

Chance für mehr Transparenz in der Inventar-Qualität: Mit den nachfolgen-den Maßnahmen versuchen Advertiser, die Inventar-Qualität zu sichern. In Whitelists können sie URLs händisch eintragen, um festzulegen, auf welchen geprüften Webseiten ihre Werbemittel erscheinen dürfen. Unerwünschte Web-seiten, auf denen die Werbemittel nicht ausgestrahlt werden sollen, können Advertiser in Blacklists vermerken. Mit der Site Verification ermitteln sie die Semantik einer Webseite, um unpassende Webseiten herauszufiltern. Das

---

[96] Vgl. Gee, Sunder: Fraud and Fraud Detection, 2015, S. 2ff.
[97] Vgl. Quantcast in Econsultancy: Programmatic, Stand 29.05.2015, Abruf 20.10.2015, S. 4ff.
[98] Vgl. Gertz, Oliver: Das Zeitalter von Content & Connection, 2014, S. 166.
[99] Vgl. Fischer, Mario: Webseite Boosting 2.0, 2009, S. 144.
[100] Vgl. Quantcast in Econsultancy: Programmatic, Stand 29.05.2015, Abruf 20.10.2015, S. 4.

<u>Viewability Measurement</u> erlaubt es, die Dauer der Sichtbarkeit einer Ad Impression zu messen. Sie wird zumeist in Sekunden ausgedrückt. Wird angenommen, dass ein Werbemittel nur für eine kurze Zeitspanne die Werbefläche besetzten wird, erfolgt keine Buchung.[101] Mittlerweile hat sich ein erster Anbieter, Pixalate.com, als Monitoring-Software im PA entwickelt. Diese überprüft die Inventar-Qualität z. B. in Bezug auf die Viewability oder die Quote des Ad Fraud der Webseiten von Publishern.[102]

Trotz dieser oben erklärten Maßnahmen bzw. Chancen kritisiert der Verband OWM sinkende Viewability, Ad Fraud sowie die Gefährdung der Brand Safety im PA. Es wird zudem beklagt, dass derzeit noch keine Lösungen dafür existierten.[103] Folglich liegt die Vermutung nahe, dass diese qualitätssichernden Maßnahmen ggf. nur kurzfristige, aber nicht unbedingt langfriste Chancen für mehr Transparenz in der Inventar-Qualität bedeuten. Im September 2015 forderte die OWM[104]-Vorsitzende Tina Beuchler nachhaltige „Marktstandards, die einen Beitrag zur Lösung der Qualitätsprobleme leisten und für mehr Transparenz in den Marktpartnerbeziehungen sorgen."[105]

Der Online-Vermarkterkreis entgegnete, dass entsprechende Mindestqualitäts-Levels, Transparenz- und Standardisierungsmaßnahmen sich bereits in der konkreten Umsetzung befänden.[106] Es existiert außerdem ein Zusammen-schluss von führenden Online-Vermarktern in Deutschland unter dem Akronym AGOF (Arbeitsgemeinschaft Online Forschung). Sie haben sich ebenfalls zum Ziel gesetzt, Transparenz und Standards auf dem Markt durchzusetzen.[107]

<u>Zusammenfassend</u> kann die intransparente Inventar-Qualität im PA, vor allem im Geschäftsmodell OMP, eine Herausforderung für Advertiser darstellen. Im

---

[101] Vgl. Gertz, Oliver: Das Zeitalter von Content & Connection, 2014, S. 167.

[102] Vgl. Pixalate: Global Seller Trust Index, Stand 09.2015, Abruf 20.10.2015, S. 7ff.

[103] Vgl. Schobelt, Frauke: Nichts ist fertig, Stand 09.09.2015, Abruf 24.10.2015.

[104] OWM ist das Akronym für Organisation Werbungtreibende im Markenverband.

[105] Beuchler, Tina in Schobelt, Frauke: Nichts ist fertig, Stand 09.09.2015, Abruf 24.10.2015.

[106] Vgl. Beuchler, Tina in Schobelt, Frauke: Nichts ist fertig, Stand 09.09.2015, Abruf 24.10.2015.

[107] Vgl. AGOF, Stand o.J., Abruf 24.10.2015.

Falle von fehlenden Möglichkeiten zur Bewertung der Qualität von Inventar mit den Gütekriterien könnte für Advertiser ein finanzieller Schaden entstehen. Um sich dieser Herausforderung zu stellen, sind langfristige Chancen für eine transparente Inventar-Qualität notwendig.

Bewertungskriterium: Eignung der Performance- und Branding-Kampagnen

Die beiden oben genannten Kampagnen bezwecken den Abverkauf, jedoch mit jeweils unterschiedlichen Ansätzen. Mit Performance-Kampagnen verfolgen Advertiser vordergründig das Ziel der Absatzsteigerung und weniger die Markenpositionierung oder Kundenbindung. Hingegen will der Advertiser durch Branding-Kampagnen die Aufmerksamkeit des Users auf seine Marke lenken, um so deren Bekanntheitsgrad zu steigern. Dabei sind Marken- und Kundenbindung wichtig.[108] Die Werbemittel innerhalb der Branding-Kampagnen müssen deshalb userspezifischer ausgerichtet sein als bei Performance-Kampagnen. Standardwerbemittel[109] eignen sich für Performance-Kampagnen. Rich Media, hauptsächlich Video-Inventar, kommt vorwiegend für Branding-Kampagnen zum Einsatz.[110] Die Verfügbarkeit des Angebots an Video-Inventar im PA, auch PVI (Programmatic-Video-Inventar) genannt, wird in der Literatur kontrovers diskutiert.

Herausforderung in Bezug auf das mangelnde Angebot an PVI: Laut Experten ist die Nachfrage nach PVI derzeit größer ist als das Angebot. Im traditionellen Display Advertising existiere demnach mehr Video-Inventar als im PA.[111] Nach Einschätzung von Tobias Wegmann, CTO bei der Agentur mediascale, bestehe für Publisher kein finanzieller Anreiz, um ihr Video-Inventar im PA anzubieten.[112] Aus Kostengründen würden deshalb Publisher wenig PVI anbieten. Weiterführende Erklärungen für dieses Geschäftsgebaren

---

[108] Vgl. Düweke, Esther/ Rabsch, Stefan: Erfolgreiche Websites, 2015, S. 351ff.

[109] Standardwerbemittel sind z. B. Full Banner, Super Banner, Expandable Super Banner, Rectangle, Medium Rectangle, etc. Darunter ist keine Video-Werbung oder die Ausstrahlung der Werbebanner auf unterschiedlichen Endgeräten zu verstehen.

[110] Vgl. Klekamp, Jörg in Schutzmann, Ingrid: Video, Stand 20.04.2015, Abruf 24.10.2015.

[111] Vgl. Klimkeit, Marco: Mehr Umsatz durch Mehrwert statt Menge, 2014, S. 111.

[112] Vgl. Wegmann, Tobias: Inventar, Stand 01.06.2015, Abruf 19.10.2015.

der Publisher sind der Ermittlung ihrer Herausforderungen hinsichtlich der „Kontrolle über die Preishoheit" zu entnehmen (siehe Kap. 3.2.1).

Chance in Bezug auf das vermehrte Angebot an PVI: Einige Experten sind jedoch auch der Meinung, dass die Verfügbarkeit des Video-Inventars nicht nur global, sondern auch im deutschen Markt wachse.[113,114] Laut der Einschätzung von Marco Klimkeit, dem Gründer der ersten SSP Yieldlab, war PA bis 2012 nur für Performance-Kampagnen mit Standardwerbemitteln kompatibel. Inzwischen soll PA auch für Branding-Werbeformate möglich sein. Darüber hinaus existiert eine bei Statista veröffentlichte Studie von Information Handling Services. Diese Studie zeigt den Marktanteil von PVI am Video-Advertising-Markt in Deutschland in den Jahren 2012 bis 2014 und stellt eine Prognose bis 2020 auf. Im Jahr 2014 lag dieser Anteil bei 5%, für 2020 werden rund 45% prognostiziert.[115]

Im Vergleich zu den Märkten UK und USA geben 62% von mehr als 100 befragten Advertiser an, dass sie Inventar für Branding-Kampagnen im PA einkaufen.[116]

<u>Zusammenfassend</u> liegt die Herausforderung in dem derzeit herrschenden Nachfrageüberschuss für das PVI. Dieser Umstand resultiert aus der geringen Verfügbarkeit an PVI, das die Publisher aufgrund von finanziellen Vorteilen nicht anbieten. Wie bereits erwähnt, kommt innerhalb von Branding-Kampagnen vor allem Video-Werbung zum Einsatz. Aufgrund der mangelnden Verfügbarkeit an PVI sind manche Advertiser der Ansicht, dass sich PA nicht für Branding-Kampagnen, sondern vorrangig für Performance-Kampagnen eigne. Experten prognostizieren jedoch, dass künftig das Angebot an PVI steigen werde.

---

[113] Vgl. eMarketer: Programmatic Video, Stand 17.06.2015, Abruf 21.10.2015.

[114] Vgl. Mews, Holger in Peruta, della Julia/ Breustedt, Gerrit: Branding-Formate, Stand 06.08.2015, Abruf 24.10.2015.

[115] Vgl. Information Handling Services in Statista: Video, Stand 09.2015, Abruf 24.10.2015.

[116] Vgl. Quantcast in Econsultancy: Programmatic, Stand 29.05.2015, Abruf 20.10.2015, S. 4.

3.1.2 Demand-Side-Plattform

Wie bereits erläutert (siehe Kap. 2.3), ist die DSP die Einkaufplattform für den Advertiser. Sie ist mit der SSP eines Publishers gekoppelt, um entsprechendes Inventar von Publishern in Echtzeit zu ersteigern. Im Folgenden wird auf die Managed-Service-DSP Bezug genommen.

Bewertungskriterium: Wettbewerbsfähigkeit

DSPs empfangen Werbekontaktchancen und bewerten, ob diese für den Advertiser versteigert werden sollen oder nicht. Sofern sie für den Advertiser als relevant eingestuft werden, geben die DSPs ein maximales Gebot pro Werbekontaktchance ab. Die Bietregeln und -strategien funktionieren mit Algorithmen, welche mit Daten aus unterschiedlichen Quellen angereichert werden müssen. Für diese Datenintegration ist deshalb die hohe Skalierbarkeit von DSPs ein entscheidender Qualitätsfaktor.[117] Wie bereits dargestellt wurde, ist die konkrete und transparente Inventar-Qualität für Advertiser von elementarer Bedeutung, um Streuverluste zu vermeiden (siehe Kap. 3.1.1). Demzufolge müssen DSPs den Advertisern eine fehlerfreie Werbemittelauslieferung gewährleisten, denn danach bemisst sich ihre Leistungsfähigkeit in der Skalierbarkeit.

Herausforderung in Bezug auf die mangelnde Transparenz der Leistungsfähigkeit in der Skalierbarkeit einiger DSPs: Eine transparente Leistungsfähigkeit von DSPs liegt nicht immer vor. Ein häufig genannter Grund in der Literatur dafür ist, dass die DSPs sich in der Güte ihrer Skalierbarkeit enorm unterscheiden. Diese Qualitätsunterschiede werden dadurch erklärt, dass einige DSPs ursprünglich Ad Server[118] waren und sich zu einer DSP weiterentwickelt haben. Manchen Ad Servern ist es gelungen, ihre Leistungsfähigkeit zu erhöhen. Sie fungieren heute als eine DSP. Es kann angenommen werden, dass einige Ad Server sich selbst als eine DSP

---

[117] Vgl. Simons, Julian/ Rau, Andreas/ Jokschat, Jens: Werbetreibenden, Stand 07.08.2014, Abruf 21.10.2015, S. 4.

[118] Server für die Auslieferung, Tracking, Reporting der Werbung, meist mit Technologien für verschiedene Targeting- Möglichkeiten.

bezeichnen, obwohl deren Fortschritt zur Erreichung einer notwendigen Skalierbarkeit noch nicht ausreichend vorliegt.[119] Eine weitere Erklärung für diese Qualitätsunterschiede ist, dass nur in wenigen DSPs eine DMP integriert sei. Einige DSPs besitzen hingegen keine DMP (siehe Kap. 2.3). Zudem bieten nicht alle DSPs die Möglichkeit zur Buchung von Branding-Werbeformaten, wie z. B. Video-, Mobile-, und Social- Inventar.[120] Wahrscheinlich haben manche DSPs aufgrund der großen Unterschiede in ihrer Beschaffenheit die Taktik entwickelt, nur wenig Transparenz bezüglich ihrer Leistungsfähigkeit in der Skalierbarkeit zuzulassen. Sie hoffen vielleicht, dass ihr mangelndes Qualitätsniveau nicht nach außen getragen wird, um sich vor der Gefahr eines Wettbewerbsverlustes zu schützen.

Allerdings ist diese vermeintliche Taktik zum Erhalt der Daseinsberechtigung eher kontraproduktiv. Denn DSPs stehen in der Kritik, weil sie wenig Transparenz hinsichtlich ihrer Leistungsfähigkeit in der Skalierbarkeit bieten. Advertiser beklagen diesen Umstand und lehnen eine Zusammenarbeit mit intransparenten DSPs ab. Sie befürchten, dass derartige Dienstleister weniger leistungsfähig sind und die von der SSP angebotenen Werbekontaktchancen nicht fehlerfrei sowie schnell genug bewerten könnten. Daraus würden finanzielle Nachteile, bspw. Streuverluste oder entgangene Conversion Rates durch unterlassene Ad Impressions, für Advertiser resultieren.

Es wird zwar ein maschinelles Lernen für DSPs prognostiziert, jedoch hauptsächlich für führende und leistungsfähige DSPs.[121] Aus diesem Grund sieht Ghanem Awn, COO der SSP Yieldlab, eine zukünftige Übernahme intransparenter DSPs durch führende DSPs.[122]

---

[119] Vgl. Stieber, Bernd in BVDW: 2013/2014, Stand 29.08.2013, Abruf 22.10.2015, S. 14.

[120] Vgl. Vgl. Özer, Timur in BVDW: 2015/2016, Stand 27.08.2015a, Abruf 22.10.2015, S. 30.

[121] Vgl. Stieber, Bernd in BVDW: 2013/2014, Stand 29.08.2013, Abruf 22.10.2015, S. 14.

[122] Vgl. Awn, Ghanem/ Schäfer, Arno in Rauchhaupt, Jens: Sterben, Stand 17.02.2015b, Abruf 19.10.2015.

Chance für führende DSPs: Die oben erwähnte Prognose der Konsolidierung von DSPs kann für führende DSPs eine Chance bedeuten. Zum einen hätten sie weniger Konkurrenz durch andere bzw. intransparente DSPs. Zum anderen könnten sie mehr internes Know-how zur Weiterentwicklung der eigenen DSP aufbauen, wenn sie die durch die zugekauften DSPs frei gewordenen Fachkräfte beschäftigen. Es ist jedoch fraglich, wie viel Fachwissen diejenigen Mitarbeiter haben, die ggf. den Misserfolg einer DSP verantworten.

<u>Zusammenfassend</u> liegt die Herausforderung für DSPs darin, dass sie aufgrund ihrer intransparenten Leistungsfähigkeit in der Skalierbarkeit kritisiert werden. Es wird vermutet, dass diejenigen DSPs intransparent sind, die im Vergleich zu anderen DSPs weniger leistungsfähig sind. Experten kündigen die Übernahme intransparenter DSPs durch transparente, führende und leistungsfähige DSPs an. Künftig kann diese Konsolidierung eine Chance für führende DSPs bedeuten.

Bewertungskriterium: Verfügbarkeit von Fachkräften

Herausforderung in Bezug auf den Fachkräftemangel: Das erfolgreiche und fehlerfreie Betreiben einer DSP hängt vor allem von der Qualifikation der Fachkräfte ab, die diese Plattform bedienen. Das Anforderungsprofil dieser Mitarbeiter bezieht sich nicht nur auf ein fundiertes Marktverständnis von PA. Sie müssen auch fähig sein, Algorithmen für die Bietregeln der DSP zu entwickeln.[123] In manchen Stellenbeschreibungen wird daher eine über dreijährige Berufserfahrung im Umgang mit einer DSP verlangt. Allerdings verfügen nur wenige Arbeitskräfte über mehrjährige Fachkenntnisse im PA (siehe Kap. 3.1.1).

<u>Zusammenfassend</u> besteht neben Advertisern und Agenturen auch für DSPs die Herausforderung des Fachkräftemangels.

---

[123] Vgl. The Trade Desk: Software Engineer, Stand 2015, Abruf 22.11.2015.

3.1.3 Agentur

Wie bereits erläutert, ist die Kernaufgabe einer Agentur im PA die Unterstützung eines Advertisers im Managed-Service-DSP (siehe Kap. 2.3). Im Folgenden werden die Herausforderungen und Chancen einer Agentur erläutert.

Bewertungskriterium: Wettbewerbsfähigkeit

Herausforderungen in Bezug auf die Wettbewerbsfähigkeit der Agentur: Einige Agenturen, welche die DSP eines Advertisers betreiben, bieten Advertisern eine sehr geringe oder gar keine Transparenz in der Zusammensetzung ihrer Kostenstruktur. Dieser für Advertiser fehlende oder mangelnde Einblick in die Kostenstruktur wird im Folgenden erklärt: Agenturen teilen Advertisern den Preis bzw. den eTKP für eine eingekaufte Ad Impression oft nicht mit. Folglich ist den Advertisern nicht bekannt, wie hoch der Einkaufspreis für die Ad Impression war und wie viel Marge die Agentur für sich erzielt. Für dieses Geschäftsgebaren der Agenturen lässt sich der folgende Beweggrund interpretieren. Es wird angenommen, dass das Vergütungsmodell für Agenturen eine Provision in Höhe von 10% auf den Mediaeinkauf vorsieht. Gibt die Agentur 100€ Mediabudget des Advertisers aus und kauft Ad Impressions für den Advertiser ein, so erhält die Agentur 10€ Vergütung. Wenn sie aber 200€ Mediabudget des Advertisers investiert, dann verdient sie 20€. An diesem Beispiel wird der in dem Vergütungsmodell begründete Sachverhalt deutlich. Die Honorare der Agenturen steigen mit den durch die Agenturen veranlassten Budgetausgaben der Advertiser. Folglich besteht die Möglichkeit, dass Agenturen nicht im Sinne der Advertiser handeln. Eventuell würden sie nicht das Inventar mit dem besten Preis-Leistungs-Verhältnis für Advertiser kaufen. Wahrscheinlich würden Agenturen insbesondere hochpreisiges Inventar präferieren, um ihre Marge zu vergrößern.[124,125]

---

[124] Vgl. Schütz, Joachim in Borchers, Daniel: Programmatic Advertising, Stand 03.12.2015, Abruf 22.10.2015.

[125] Vgl. Schroeter, Andreas et al.: Die Zukunft des Display Advertising, Stand 2012, Abruf 14.11.2015, S. 17.

<u>Zusammenfassend</u> können derartige Agenturen beschuldigt werden, durch die mangelnde oder fehlende Transparenz in der Kostenstruktur der Ad Impressions Preisunterschiede zu ihrem Vorteil zu nutzen.[126] Aus diesem Grund wird die zukünftige Wettbewerbsfähigkeit der Agenturen im PA in Frage gestellt.[127] Im Rahmen der Fachkonferenz d3con fand in der Hamburger Handelskammer im Februar 2014 eine Diskussion über die Daseinsberechtigung der Agenturen im PA statt. Der Country Manager DACH bei Infections Media, Stefan Beckmann, ist der Meinung, dass immer mehr Advertiser das Bestreben hätten, eine Self-Service-DSP zu betreiben. Der hauptsächliche Beweggrund dafür sei die Vermeidung der Zusammenarbeit mit Agenturen.[128,129] Die durch Agenturen hervorgerufene Intransparenz in der Kostenstruktur für Advertiser besteht nicht in der Self-Service-DSP, da hier das Kampagnenmanagement sowie der Einkauf des Inventars durch den Advertiser übernommen werden (siehe Kap. 2.3).[130] Arno Schäfer, CEO von 161 Media, prognostiziert ebenfalls, dass Advertiser PA aufgrund des oben dargestellten intransparenten Abrechnungsmodells zunehmend inhouse betreiben werden. Daraus resultiert, dass manche Agenturen künftig überflüssig und ggf. vom Markt verdrängt werden könnten.

Chancen in Bezug auf die Wettbewerbsfähigkeit der Agentur: Entgegen dieser obigen Annahme glaubt Julian Simons, CEO der Agentur Mediascale, dass nur wenige Advertiser fähig seien, im eigenen Unternehmen Know-how aufzubauen, um PA inhouse zu betreiben. Vor allem ein werbetreibender Konzern sei nicht in der Lage, den programmatischen Einkauf eigenständig und ohne die Unterstützung der Agenturen durchzuführen. Der Grund dafür liegt seiner Ansicht nach in der großen Aufgabenfülle des PA in den Konzernen. So seien Advertiser weiterhin gezwungen, diese Tätigkeiten an

---

[126] Vgl. McNab, Ross: Media Exchange, Stand 08.06.2011, Abruf 22.10.2015.

[127] Vgl. Awn, Ghanem/ Schäfer in Rauchhaupt, Jens, Arno: Sterben, Stand 17.02.2015b, Abruf 19.10.2015.

[128] Vgl. Gründerküche: D3CON 2014 Konferenz Hamburg, Stand o.J., Abruf 19.10.2015.

[129] Vgl. Beckmann, Stefan/ Simons, Julian in Paperlein, Juliane: Agenturen, Stand 11.02.2014, Abruf 19.10.2015.

[130] Vgl. Rinderle, Stefanie: Realtime Bidding, Stand 2013, Abruf 22.10.2015, S. 7.

Agenturen auszulagern, weil sie sich auf ihre Kernfunktion konzentrieren müssten.[131]

Herausforderung in Bezug auf die Wettbewerbsfähigkeit der Agentur: Obgleich Agenturen weiterhin durch Advertiser beauftragt werden, müssen sie sich der folgenden Herausforderung stellen: Experten erklären, dass PA erhebliche Aufwände für Agenturen mit sich bringe. Trotz der Entwicklung, dass durch eine Automatisierung der Prozesse im PA personelle Kapazitäten frei werden, erfolgt eine Umverteilung dieser Kapazitäten. Beispielsweise benötigen Agenturen viel internes Know-how und müssen die richtigen Technologien, z. B. DSPs, für Advertiser auswählen. Wie bereits erklärt (siehe Kap. 3.1.2), ist die Qualität der Leistungsfähigkeit von verschiedenen DSPs intransparent und weicht stark voneinander ab. Dieser Umstand erschwert die richtige Auswahl einer leistungsfähigen DSP durch Agenturen für ihre Auftraggeber bzw. Advertiser.[132] Infolgedessen vergrößert sich die Aufgabenfülle für Agenturen. Im PA wird deshalb eine noch aufwendigere und tiefergehendere Beratungsleistung durch Agenturen im Vergleich zum traditionellen Display Advertising vorausgesetzt. Dadurch entstehen zusätzliche Kosten für Agenturen, die als Beratungskosten auf die Advertiser umgelegt werden. Die damit verbundene Herausforderung für Agenturen ist die kaum steigende, sondern im Gegenteil eher sinkende Bereitschaft der Advertiser, Agenturen für zusätzliche Beratungsleistungen zu entlohnen.[133] Denn für Advertiser mit einem hohen internen Know-how kann eine Self-Service-DSP ohne die Dienstleistung von Agenturen aus finanziellen Gründen attraktiver sein. Daraus ergibt sich für Agenturen die Gefahr des möglichen Verlustes ihrer Daseinsberechtigung.

Zusammenfassend kann die künftige Wettbewerbsfähigkeit der Agenturen angezweifelt werden. Diese Vermutung ist zum einen darin begründet, dass

---

[131] Vgl. Beckmann, Stefan/ Simons, Julian in Paperlein, Juliane: Agenturen, Stand 11.02.2014, Abruf 19.10.2015.

[132] Vgl. Simons, Julian/ Rau, Andreas/ Jokschat, Jens: Werbetreibenden, Stand 07.08.2014, Abruf 19.10.2015, S. 6.

[133] Vgl. Beckmann, Stefan/ Simons, Julian in Paperlein, Juliane: Agenturen, Stand 11.02.2014, Abruf 19.10.2015.

Advertiser die Self-Service-DSP aufgrund der Möglichkeit einer transparenten Kostenstruktur einer Managed-Service-DSP vorziehen. Zum anderen sind immer weniger Advertiser bereit, Agenturen entsprechend ihrer Leistungen im PA zu vergüten. Dennoch besteht für Agenturen die Chance zur Beibehaltung der Wettbewerbsfähigkeit. Sofern Advertiser nicht fähig sind, ausreichend internes Know-how für eine Self-Service-DSP aufzubauen, sind sie ggf. weiterhin auf die Unterstützung der Agenturen angewiesen.

3.2 Marktteilnehmer auf der Sell Side

In diesem Kapitel werden die Herausforderungen und Chancen der Marktteilnehmer auf der Sell Side (Publisher und SSP) vorgestellt.

3.2.1 Publisher

Wie bereits erläutert (siehe Kap. 2.3), ist der Publisher der Verkäufer des Inventars.

Bewertungskriterium: Kosten-Nutzen-Verhältnis

Um bewerten zu können, inwieweit sich die Teilnahme am PA für einen Publisher lohnt, müssen die aus dem PA resultierenden Kosten dem finanziellen Nutzen gegenübergestellt werden. Eines der monetären Ziele des Publishers ist die Ertragssteigerung, welche innerhalb des sogenannten Yield Managements erreicht werden kann. Das Yield Management ist ein Instrument zur Nachfragesteuerung mittels der Kapazitätsverfügbarkeit und des eTKPs seines Inventars. Darunter ist auch eine Art der Preisdifferenzierung zu verstehen, weil eine Werbefläche lediglich dem Advertiser mit der höchsten Zahlungsbereitschaft verkauft wird. Dieser Prozess erfolgt automatisiert.[134]

Chance in Bezug auf das Kosten-Nutzen-Verhältnis: Die Strategie des Yield Managements ist für den Publisher durch die Kopplung an die Verkaufsplattform SSP, die auch als Yield-Optimierer bezeichnet wird, möglich. Die SSP ist wiederum an eine oder mehrere DSPs gekoppelt, wodurch ein beidseitiger Informationsaustausch stattfindet. Auf der einen

---

[134] Vgl. Olbrich, Rainer/ Battenfeld, Dirk: Preispolitik, 2014, S. 161ff.

Seite analysiert die SSP das vom Publisher angebotene Inventar und dessen Nutzer, nämlich den Advertiser, sowie sein Nachfrageverhalten. Auf der anderen Seite bietet die SSP den DSPs Werbekontaktchancen an, die über ein Auktionsverfahren unter den Nachfragern bzw. Advertisern versteigert werden. Mit diesem automatisierten Prozess schafft der Publisher Konkurrenz für jede einzelne Werbefläche. Folglich wird für den Publisher mit dem Instrument des Yield Managements sichergestellt, dass er den höchstmöglichen eTKP von den Nachfragern erzielt.[135,136]

Herausforderung in Bezug auf das Kosten-Nutzen-Verhältnis: Um die Wirtschaftlichkeit der Teilnahme am PA bewerten zu können, müssen auch die damit verbundenen Kosten herangezogen werden. Von den Werbeerlösen des Publishers erhält die SSP eine Servicegebühr zwischen 10% und 30%, wie aus einem Whitepaper von der DSP metrigo aus dem Jahr 2013 hervorgeht.[137] Da PA sehr schnelllebig ist und die Technologien sich weiterentwickeln, kann diese Angabe veraltet sein. Aktuellere, genaue oder durchschnittliche Servicegebühren für SSPs sind derzeit nicht verfügbar. Publisher müssen sich daher bei der jeweiligen SSP darüber informieren, wie hoch die Servicegebühren sind und welche weiteren Kosten anfallen. Es kann nur mit einer konkreten Investitionsrechnung ermittelt werden, ob der programmatische Handel für den Publisher im Vergleich zum traditionellen Verkauf einen monetären Vorteil verspricht.

<u>Zusammenfassend</u> ist für Publisher wie auch für Advertiser (siehe Kap. 3.1.1) keine pauschale Aussage darüber möglich, ob die Teilnahmen am PA für ihn lohnenswert ist.

---

[135] Vgl. Schroeter, Andreas et al.: Real Time Advertising, Stand 09.2013, Abruf 14.11.2015, S. 11.

[136] Vgl. BVDW: 2015/2016, Stand 27.08.2015a, Abruf 23.10.2015. S. 97.

[137] Vgl. Schroeter, Andreas et al.: Real Time Advertising, Stand 09.2013, Abruf 14.11.2015, S. 16.

Bewertungskriterium: Verfügbarkeit von Fachkräften

Herausforderung in Bezug auf den Fachkräftemangel: Auch der Publisher muss sich der bereits geschilderten Herausforderung des Fachkräftemangels (siehe Kap. 3.1.1 u. Kap. 3.1.2) stellen. Qualifizierte Mitarbeiter benötigt er für alle Prozesse, welche mit dem Einstellen des Inventars in die SSPs sowie mit dem Verständnis des programmatischen Handels verbunden sind. Dabei ist bspw. die Implementierung neuer Strategien und Prozesse des PA in die bereits bestehende Organisationsstruktur gemeint. Dementsprechend ist das Know-how einer ganzheitlichen Betrachtung sehr wichtig, um die Verkaufsprozesse innerhalb des PA von dem traditionellen Vertrieb zu unterscheiden.[138]

Bewertungskriterium: Kontrolle über die Preishoheit

Jeder Publisher kann sein Premium-Inventar entweder weiterhin im klassischen Display Advertising oder programmatisch in PMPs anbieten.

Herausforderung in Bezug auf die Preishoheit: Im Zusammenhang der beiden oben genannten Verkaufskanäle für das Premium-Inventar entsteht die nachfolgende Herausforderung. Die Buy Side beklagt, dass im PA kaum Premium-Inventar vorhanden sei. Advertiser und Agenturen fordern deshalb von Publishern ein vermehrtes Angebot an hochwertigem Programmatic-Inventar. Wird diese Anforderung nicht erfüllt, drohen sie mit dem Einkauf bei Konkurrenten, welche Premium-Inventar anbieten. In den Fachkreisen wird häufig die Sorge der Publisher über die „Kannibalisierung" ihres traditionellen Geschäftes diskutiert. Publisher wollen ihr Premium-Inventar nicht im PA anbieten. Denn sie haben Bedenken, dass es nur noch im PMP gekauft wird, wodurch sie ihr eigenes traditionelles Geschäfts behindern würden. Der Preis für dasselbe Inventar im PMP ist üblicherweise genauso hoch wie im traditionellen Display Advertising.[139] Dennoch hat der Publisher durch den Verkauf des Premium-Inventars im PA zum einen weniger Marge, weil er eine prozentuale Servicegebühr auf die verkaufte Summe seines Inventars an die

---

[138] Vgl. Brosche, Kolja et al.: Vermarkter, Stand 09.12.2014, Abruf 24.10.2015, S. 6f.
[139] Vgl. Velev, Dimo: Data, Stand 07.04.2014, Abruf 23.10.2015.

SSP entrichten muss. Zum anderen kritisieren Publisher den Verkauf ihres Premium-Inventars im PA, weil sie einen weiteren finanziellen Nachteil darin sehen. Im PA entfällt durch die Automatisierung das Storytelling, welches speziell für den Verkauf hochwertigen Inventars von großer Bedeutung ist. Durch die fehlende persönliche Kommunikation zwischen Nachfrager und Anbieter können Publisher den Wert ihres Premium-Inventars nicht mehr durch verkaufsfördernde Gespräche beim Advertiser erhöhen.[140] Im traditionellen Display Advertising kennen sie hingegen ihre Kunden und können die maximale Preisbereitschaft eines Advertisers ausschöpfen. Vermutlich würden Publisher durch die Automatisierung der Prozesse im PA ihre Preishoheit verlieren.[141]

Chance in Bezug auf die Preishoheit: In der Ausgabe der „10 Gebote des Programmatic Advertising" von Improve Digital, eine global führende SSP, wird die Sorge der oben erklärten Kannibalisierung wie folgt entkräftet: Es wird erwähnt, dass vor allem in der Anfangszeit des PA diese Kannibalisierung stattgefunden habe. Eine Chance zur Ausschöpfung des gesamten Potenzials der Werbeflächen bestehe darin, dass Publisher die beste Kombination aus OMP und PMP finden. Aktuell sollten die SSPs durch die hohe Datenverfügbarkeit und die weiterentwickelten Technologien in der Lage sein, jeder Ad Impression den entsprechenden Wert beizumessen.[142] Des Weiteren schlagen Experten in einem Diskussionspapier des BVDW (Bundesverband Digitale Wirtschaft) für eine Preishoheit der Publisher Folgendes vor: Im OMP könne es für Publisher sinnvoll sein, weniger Transparenz hinsichtlich ihrer Inventar-Qualität preiszugeben.[143] Mit einer solchen Verkaufsstrategie können Publisher eine breite Käuferschicht ansprechen. Dabei werde zum einen das Inventar zum maximalen Preis verkauft. Zum anderen werde durch die hohe Absatzsteigerung die Auslastung der Webseite optimiert.[144]

---

[140] Vgl. Sammer, Petra: Storytelling, 2014, S. 5.

[141] Vgl. Münstermann, Holm/ Tenbrock, Ingo: Vermarktung in Echtzeit, 2014, S. 122.

[142] Vgl. Heimann, Torben: Die 10 Gebote, Stand 2015, Abruf 23.10.2015, Gebot 5.

[143] Vgl. Brosche, Kolja et al.: Vermarkter, Stand 09.12.2014, Abruf 23.10.2015, S. 4.

[144] Vgl. Horrolt, Alexander in Wagner, Stefan: Publisher, Stand 2015, Abruf 23.10.2015.

In diesem Zusammenhang appelliert jedoch der aktuelle BVDW-Präsident in einem Interview an alle Marktteilnehmer für eine transparente Zusammenarbeit, um die Etablierung des PA voranzutreiben.[145]

<u>Zusammenfassend</u> sehen Publisher eine finanzielle Herausforderung darin, dass sie durch die Buy Side aufgefordert werden, ihr Premium-Inventar im PMP anzubieten. Sie befürchten eine Kannibalisierung ihres traditionellen Geschäftes. Zudem beklagen sie, dass sie im PA den Wert ihres Premium-Inventars nicht mehr durch verkaufsfördernde Gespräche erhöhen können. Eine Chance für die Preishoheit der Publisher liegt in einem durchdachten Angebot des Inventars sowohl im OMP als auch im PMP. Des Weiteren wird Publishern empfohlen, die Inventar-Qualität in OMPs weniger transparent zu gestalten. Dieses Vorgehen kann auf der einen Seite eine Chance für Publisher bedeuten. Auf der anderen Seite entsteht daraus das Risiko, dass Advertiser aufgrund der mangelnden Transparenz der Inventar-Qualität nicht im PA einkaufen (siehe Kap. 3.1.1).

Bewertungskriterium: Kontrolle über die Werbemittel-Qualität

Das Pendant zu der Notwendigkeit der Kontrolle über die Inventar-Qualität für Advertiser (siehe Kap. 3.1.1) ist die Beibehaltung der Kontrolle über die Werbemittel-Qualität für Publisher. Der Publisher möchte nicht, dass qualitativ minderwertige oder thematisch unpassende Werbemittel des Advertisers auf seiner Webseite platziert werden. Die Kontrolle über die Werbemittel-Qualität obliegt ihm im traditionellen Display Advertising und soll für ihn im PA weiterhin Bestand haben.[146]

Herausforderung in Bezug auf die Beibehaltung der Kontrolle über die Werbemittel-Qualität: Die Herausforderung der mangelnden Transparenz hinsichtlich der Werbemittel-Qualität sehen Publisher vor allem in OMPs, wenn markenschädigende Banner auf ihren Webseiten platziert werden. Beispielsweise vermutet die Geschäftsleitung von einem der Top-Publisher,

---

[145] Vgl. Ehrlich, Matthias in Ansorge, Katrin: Herausforderungen, Stand 08.04.2014, Abruf 23.10.2015.

[146] Vgl. Löffler, Miriam: Think Content!, 2014, S. 558.

Gruner + Jahr Electronic Media Sales, dass Advertiser mit einer qualitativ minderwertigen Markenpositionierung von ihrem hochwertigen Image der Werbefläche profitieren wollen.[147] Sofern unkontrolliert Werbemittel auf der Webseite des Publishers platziert werden, besteht für ihn das Risiko, das Image seiner Webseite entweder zu verändern oder sogar zu gefährden.[148]

Chance in Bezug auf die Beibehaltung der Kontrolle über die Werbemittel-Qualität: Um sich der oben aufgezeigten Herausforderung zu stellen, hat der Publisher die Chance, über PMPs Inventar zu verkaufen. Wie bereits erklärt, hat er in diesem Geschäftsmodell durch eine direkte Kommunikation mit der Buy Side mehr Kontrolle und kann Marken ausgewählter Advertiser auf seiner Webseite platzieren lassen. Sofern der Publisher jedoch sein Inventar im OMP anbietet, kann er zwar keine selektierte Käufergruppe festlegen, aber von Advertisern mehr Transparenz bei deren Kampagnen verlangen. Zudem besteht die Möglichkeit, mit technischen Werkzeugen unerwünschte Werbemittel nicht präferierter Advertiser zu identifizieren und diese zu eliminieren.[149]

<u>Zusammenfassend</u> sehen Publisher die Herausforderung, dass vor allem im Geschäftsmodell OMP markenschädigende Werbemittel von Advertisern auf ihren Werbeflächen platziert werden könnten. Zum Schutz der Markenstellung ihres Premium-Inventars können sie dieses in den PMPs ausgewählter Advertiser anbieten.

---

[147] Vgl. Burgarth, Kate/ Sugarman, Stanton: Premium-Vermarktung, 2014, S. 85.
[148] Vgl. Löffler, Miriam: Think Content!, 2014, S. 558.
[149] Vgl. Brosche, Kolja et al.: Vermarkter, Stand 09.12.2014, Abruf 23.10.2015, S. 6.

3.2.2 Supply-Side-Plattform

Wie bereits erläutert (siehe Kap. 2.3), ist eine SSP die für den Publisher unterstützende Verkaufsplattform. Ein Publisher gilt als ein Abnehmer einer SSP.

Bewertungskriterium: Image

SSPs verantworten das vorgestellte Yield Management (siehe Kap. 3.2.1) für ihren Abnehmer, dem Publisher.[150] Aus volkswirtschaftlicher Sicht lässt eine erhöhte Nachfrage die Preise steigern. Entsprechend dieses Prinzips der Ertragssteigerung, ist der Publisher gewillt, eine solche SSP auszuwählen, welche den Nachfragedruck auf sein Inventar und somit die Preise erhöht. Um dieser Anforderung gerecht zu werden, müssen sich SSPs den folgenden Herausforderungen stellen.

Herausforderung in Bezug auf die mangelnde Leistungsfähigkeit der Interoperabilität: Experten schreiben in einem Diskussionspapier des BVDW, dass die Gewährleistung der Interoperabilität der Systeme eine Herausforderung für die SSPs darstelle.[151] Darunter ist die Frage nach der kompatiblen Kopplung einer SSP an verschiedene Systeme, hauptsächlich DSPs, zu verstehen. Sofern keine ausreichende Kompatibilität zwischen den Plattformen vorliegt, können zum einen weniger Informationen ausgetauscht werden. Zum anderen würde der Wert der Informationen und deren Validität darunter leiden. Das Resultat wäre eine Informationsarmut mit der Folge einer mangelnden Datenverfügbarkeit zwischen den Plattformen. SSPs benötigen aber eine solide Datengrundlage, um den Nachfragedruck bei der Buy Side zu erhöhen und die maximale Preisbereitschaft eines Advertisers auszuschöpfen.[152] Darüber hinaus sind nicht nur für DSPs, sondern auch für SSPs ausreichend First- und Third-Party Data (siehe Kap. 2.3) erforderlich. Diese User-Daten benötigt eine SSP, um eine Werbekontaktchance des Publishers fehlerfrei beurteilen zu können.[153] Ist eine SSP zu dieser genauen Beschrei-

---

[150] Vgl. Neubauer, Alex: Programmatic Buying, 09.2014, Abruf 24.10.2015, S. 9.

[151] Vgl. Brosche, Kolja: Vermarkter, Stand 09.12.2014, Abruf 24.10.2015, S. 2.

[152] Vgl. Deutsch, Markus/ Grotemeyer Hans-Werner, Schipmann, Volker: IT, 2007, S. 53.

[153] Vgl. Magee, Jeffrey L.: Yield Management, 1998, S. 159.

bung und Bewertung nicht fähig, könnte der Publisher sie als unzuverlässig wahrnehmen und von ihrer Beauftragung absehen.

Zwei Experten des Publishers Axel Springer Media klagen über eine unzureichende Transparenz in der Leistungsfähigkeit der SSPs. Sie stellen die folgenden Fragen: „Wie hoch ist die Kompatibilität der SSP mit relevanten DSPs? Wie werden Advertiser akquiriert? Welche Leistungsfähigkeit hat das Dashboard der SSP, um in Echtzeit eingreifen zu können?"[154]

Demzufolge kann aufgrund einer mangelnden und intransparenten Leistungsfähigkeit hinsichtlich der Interoperabilität einer SSP Wettbewerbsfähigkeit gefährdet werden.

Chance für eine höhere Leistungsfähigkeit hinsichtlich der Interoperabilität: SSPs haben die Möglichkeit, gegenüber ihren Abnehmern mehr Transparenz zu zeigen. Die Voraussetzung dafür ist, dass Publisher ihr Inventarvolumen vorab schätzen. Auf Basis dieser Prognose kann die SSP ein Umsatzvolumen für das Inventar seines Abnehmers garantieren. Eine solche Garantie kann jedoch nur als eine Orientierung dienen, damit der Publisher eine Vorstellung von dem durch die SSP erzeugten Nachfragedruck bekommt. Dadurch könnte der Publisher beurteilen, ob diese SSP fähig ist, seine geplante Ertragssteigerung durchzusetzen. Auf dieser Basis kann der Publisher besser entscheiden, ob er mit der SSP kooperieren will oder nicht.[155]

Zusammenfassend kann die zum Teil intransparente Leistungsfähigkeit der Interoperabilität der SSPs mit anderen Plattformen das Image solcher SSPs schädigen. Um sich dieser Herausforderung zu stellen, besteht für SSPs die Chance, Publishern ein Umsatzvolumen zu garantieren und so deren Vertrauen für eine partnerschaftliche Geschäftsbeziehung zu gewinnen.

---

[154] Münstermann, Holm/ Tenbrock, Ingo: Vermarktung in Echtzeit, 2014, S. 126.
[155] Vgl. Münstermann, Holm/ Tenbrock, Ingo: Vermarktung in Echtzeit, 2014, S. 126.

Bewertungskriterium: Verfügbarkeit von Fachkräften

Herausforderung in Bezug auf den Fachkräftemangel: Der notwendige Bedarf bei gleichzeitig mangelnder Anzahl qualifizierter Arbeitskräfte wurde bereits als ein Hindernis für andere Marktteilnehmer herausgestellt (siehe Kap. 3.1.1, 3.1.2 und 3.2.1). Eine SSP benötigt zudem ein kompetentes Team, um die Bedarfe der Publisher zu verstehen und technisch umzusetzen.[156]

<u>Zusammenfassend</u> stellt der Fachkräftemangel für den gesamten Markt des PA eine Herausforderung dar, weil jeder Marktteilnehmer Know-how für die Teilnahme am PA benötigt.

3.3 Zusammenfassung der theoretischen Ergebnisse und Ableitung von Annahmen

Die Herleitung der gesamten aus der Literatur recherchierten Ergebnisse bezüglich der Herausforderungen und Chancen im PA werden in Darstellung 4 tabellarisch zusammengefasst. Zu Beginn werden die Marktteilnehmer auf der Buy Side (Advertiser, DSP, Agentur), im Anschluss die der Sell Side (Publisher und SSP) aufgelistet. Die Tabelle ist in vier Spalten aufgeteilt. In der ersten Spalte sind die Nummern 1 bis 14 angegeben. Diese Nummerierung dient als Orientierungshilfe und bezieht sich auf ein jeweiliges Bewertungskriterium aus der zweiten Spalte. Dabei handelt es sich um die bereits erläuterten Bewertungskriterien mit den entsprechenden, zuvor ermittelten Herausforderungen und Chancen (siehe Kap. 3.1.1 und 3.2.2). Diese finden sich in den letzten beiden Spalten.

---

[156] Vgl. LinkedIn: Ad Exchange Analyst, Stand 16.11.2015, Abruf 22.11.2015.

Buy Side			
Nr.	**Bewertungs-kriterium**	**Herausforderung**	**Chance**
Advertiser			
1	*Kosten-Nutzen-Verhältnis*	**Investitionskosten** für Self-Service-DSP und Managed-Service-DSP sowie für Personal	Kostensenkung durch **Reduzierung von Streuverlusten**
2	*Verfügbarkeit von Fachkräften*	**Fachkräftemangel**	
3	*Kontrolle über Einkaufsmacht*	Angst vor Verlust ihrer Einkaufsmacht aufgrund **mangelnder Transparenz** bei der Summe ihrer getätigten Einkäufe vorrangig im OMP	Bessere Kontrolle über ihre Einkaufsmacht in **PMPs**
4	*Kontrolle über die Inventar-Qualität*	Angst vor Verlust der Kontrolle über die Inventar-Qualität aufgrund **mangelnder Transparenz** der Inventar-Qualität	Lediglich kurzfristige qualitätssichernde Maßnahmen
5	*Eignung von Performance- und Branding Kampagnen*	Keine oder kaum Branding-Kampagnen im PA möglich aufgrund **mangelnden Angebots an PVI**	Künftig starker **Anstieg des Angebots an PVI**
Managed-Service-DSP			
6	*Wettbewerbs-fähigkeit*	Mögliche Übernahme der DSPs mit geringerer Leistungsfähigkeit und **mangelnder Transparenz** in ihrer Skalierbarkeit durch führende DSPs	**Übernahme** intransparenter DSPs durch führende und leistungsfähige DSPs
7	*Verfügbarkeit von Fachkräften*	**Fachkräftemangel**	
Agentur			
8	*Wettbewerbs-fähigkeit*	Gefahr vor Verlust ihrer Wettbewerbsfähigkeit aufgrund **mangelnder Transparenz** in ihrer Kostenstruktur Zunehmendes Know-how der Advertiser zum eigenständigen Betrieb einer **Self-Service-DSP** ohne Agentur	**Abhängigkeit der Advertiser (Großkonzerne) von Agenturen** aufgrund ihrer mangelnden Fähigkeit zum eigenständigen Betrieb einer Self-Service-DSP
Sell Side			
Nr.	**Bewertungs-kriterium**	**Herausforderung**	**Chance**
Publisher			
9	*Kosten-Nutzen-Verhältnis*	**Investitionskosten** für SSP und Personal	**Ertragssteigerung** durch Yield Management

10	*Verfügbarkeit von Fachkräften*	**Fachkräftemangel**	
11	*Kontrolle über die Preishoheit*	Angst vor Verlust ihrer Preishoheit durch **Kannibalisierung** ihres traditionellen Geschäftes	Angebot **intransparenten Inventars in OMPs**
12	*Kontrolle über die Werbemittel-Qualität*	Unkontrollierbare Qualität der zu platzierenden Werbemittel aufgrund **mangelnder Transparenz** in OMPs	Verkauf des Inventars in **PMPs**
SSP			
13	*Image*	Gefahr der Imageschädigung aufgrund **mangelnder Transparenz** ihrer Leistungsfähigkeit in Bezug auf die Interoperabilität	Garantie eines **Umsatzvolumens** für Publisher
14	*Verfügbarkeit von Fachkräften*	**Fachkräftemangel**	

Darstellung 4: Theoretische Ergebnisse zu den Herausforderungen und Chancen[157]

Eine ermittelte Herausforderung oder Chance für einen bestimmten Marktteilnehmer muss nicht zwangsläufig für den gesamten Markt des PA gelten und kann ggf. sogar das Gegenteil darstellen. In der obigen Darstellung unter Nummer 8 wird angegeben, dass ein zunehmendes Know-how der Advertiser eine Herausforderung für eine Agentur darstellt. Im Gegensatz dazu eröffnet ein hohes Know-how eine Chance für Advertiser. Darüber hinaus profitieren Agenturen davon, wenn Advertiser von ihnen abhängig sind. Bezugnehmend auf Nummer 11 wird diese Zielkonkurrenz zwischen manchen Marktteilnehmern nochmals deutlich. Eine Chance für den Publisher kann das Angebot an intransparentem Inventar sein. Diese Vorgehensweise wirkt sich jedoch negativ auf Advertiser aus. Wie Nummer 3 zu entnehmen ist, bedeutet die mangelnde Transparenz in der Inventar-Qualität eine Herausforderung für Advertiser.

Im Folgenden liegt der Fokus auf der Verzahnung von Herausforderungen und Chancen für den gesamten Markt des PA und teilweise auch für vereinzelte Marktteilnehmer. Aus der obigen Darstellung 4 werden sieben Annahmen abgeleitet. Die Begründung der getroffenen Annahmen wird mithilfe der

---

[157] Eigene Darstellung.

Inhalte aus dieser Tabelle gegeben. Für eine bessere Nachvollziehbarkeit erfolgt die Angabe einer Nummer aus Darstellung 4 am Ende eines jeden Abschnitts. Diese Nummer stellt eine Verbindung von dem nachfolgenden Fließtext zu der Tabelle her. Dabei wird entweder auf eine Herausforderung aus der dritten Spalte oder auf eine Chance aus der vierten Spalte hingewiesen. Bei fehlender Angabe ist von der gesamten Zeile (Herausforderung und Chance) einer jeweiligen Nummer auszugehen.

Annahme 1: „Eine Herausforderung ist der Fachkräftemangel."

Begründung der Annahme 2: Nahezu für alle Marktteilnehmer geht aus Darstellung 4 die Herausforderung des Fachkräftemangels hervor (siehe Nr. 2, 7, 10, 14 in Spalte „Herausforderung"). Entsprechende Chancen konnten aus der Literatur nicht ermittelt werden.

Annahme 2: „Eine Herausforderung ist ein mangelndes Angebot an PVI."

Begründung der Annahme 2: Innerhalb von Branding-Kampagnen kommt vor allem Video-Werbung zum Einsatz. Es besteht jedoch ein mangelndes Angebot an PVI. Aus diesem Grund sind Advertiser der Meinung, dass sich PA nur oder hauptsächlich für Performance-Kampagnen eigne und weniger für Branding-Kampagnen (siehe Nr. 5 in Spalte „Herausforderung").

Annahme 3: „Eine Chance ist das künftig zunehmende Angebot an PVI."

Begründung der Annahme 3: In der Zukunft besteht die Chance eines stark ansteigenden Angebots an PVI. Wahrscheinlich können dann zunehmend mehr Branding-Kampagnen im PA gebucht werden (siehe Nr. 5 in Spalte „Chance").

Annahme 4: „Eine Herausforderung ist die mangelnde Transparenz in der Zusammenarbeit zwischen den unterschiedlichen Marktteilnehmern."

Begründung der Annahme 4: Advertiser sehen in erster Linie im Geschäftsmodell OMP eine Herausforderung. Diese ist in der mangelnden Transparenz der Summe ihres Einkaufsvolumens begründet. Publisher wissen bei einem intransparenten Geschäftsmodell nicht, welcher Advertiser ein Großabnehmer ist. In der Folge fehlt die Grundlage, um einem Advertiser einen Preisnachlass zu gewähren (siehe Nr. 3 in Spalte „Herausforderung").

Des Weiteren müssen sich Advertiser der Herausforderung einer mangelnden Transparenz der Inventar-Qualität stellen. Je weniger Informationen sie über die Qualität des Inventars haben, umso mehr steigt das Risiko, dass Advertiser eine Werbefläche kaufen, welche nicht ihren Qualitätsanforderungen entspricht. Der daraus resultierende Nachteil für Advertiser mündet zum einen in Streuverlusten und zum anderen in der Gefährdung ihrer Brand Safety (siehe Nr. 4 in Spalte „Herausforderung"). Die für Advertiser beschriebene Herausforderung wird durch Publisher hervorgerufen. Publisher haben Bedenken, dass sie ihr eigenes Geschäft des traditionellen Display Advertising kannibalisieren (siehe Kap. 3.2.1). Aus diesem Grund sehen sie eine Chance darin, vorrangig im Geschäftsmodell OMP weniger Transparenz der Qualität ihres Inventars zu zeigen. Dadurch möchten sie die Gewinnchancen der anderen Verkaufskanäle nicht beeinträchtigen und ihr Inventar einer größeren Breite an potenziellen Käufern anbieten (siehe Nr. 11 in Spalte „Chance").

Dennoch sehen Publisher eine Herausforderung in einer mangelnden Transparenz in der Zusammenarbeit mit dem Advertiser bzw. der Buy Side. Je weniger Informationen Publisher über die Qualität der Werbemittel des Advertisers haben, umso mehr steigt das Risiko, dass auf ihrer Webseite markenschädigende Werbemittel platziert werden. Diese Herausforderung gilt vor allem für das Geschäftsmodell OMP (siehe Nr. 12 in Spalte „Herausforderung").

Zudem besteht zwischen dem Advertiser und seiner Agentur die Herausforderung einer mangelnden Transparenz in der Zusammenarbeit. Sobald ein Advertiser sich für eine Managed-Service-DSP entschieden hat, benötigt er die Beratungsleistung einer auf PA spezialisierten Agentur. Wie bereits erklärt (siehe Kap. 3.1.3), buchen manche Agenturen die Kampagnen für Advertiser und legen ihm nicht offen, wie sich die Kosten für die Ad Impressions zusammengesetzt haben. Demnach kennt der Advertiser weder den Einkaufspreis noch die Marge, welche die Agentur einbehält (siehe Nr. 8 in Spalte „Herausforderung").

Eine mangelnde Transparenz besteht ebenfalls in der Kommunikation zwischen den Plattformen DSP und SSP. Intransparente DSPs stehen hinsichtlich ihrer Leistungsfähigkeit der Skalierbarkeit vor der Herausforderung, dass sie künftig von führenden DSPs übernommen werden könnten (siehe Nr. 6 in Spalte „Herausforderung"). Im Folgenden wird die Herausforderung für SSPs erläutert, die durch eine mangelnde Transparenz ihrer Leistungsfähigkeit in Bezug auf die Interoperabilität mit anderen Plattformen entsteht. Das Risiko für SSPs im Vergleich zu DSPs ist kleiner. Künftig ist nicht die Wettbewerbsfähigkeit, sondern eher das Image von intransparenten SSPs gefährdet. Publisher wären womöglich für die Zusammenarbeit mit intransparenten SSPs nicht bereit. Eine Imageschädigung der SSPs kann dennoch zum Verlust ihrer Wettbewerbsfähigkeit führen. Generell können finanzielle Nachteile für intransparente SSPs entstehen, wenn sie von Publishern entweder gar nicht oder nur zu geringeren Servicegebühren beauftragt werden (siehe Nr. 13 in Spalte „Herausforderung").

Annahme 5: „*Eine langfristige Chance für mehr Transparenz im gesamten Markt ist die Verdrängung intransparenter Marktteilnehmer.*"

Begründung der Annahme 5: Derzeit existieren zwar die nachfolgenden Chancen, um sich der in Annahme 4 erklärten Herausforderung zu stellen (siehe Nr. 3, 4, 8, 12, 13 in Spalte „Chance"). Nichtsdestotrotz kann mit diesen Chancen die mangelnde Transparenz nicht umfassend und langfristig bekämpft werden. Aus diesem Grund wird im weiteren Verlauf von „kurzfristigen Chancen" gesprochen. Eine kurzfristige und somit begrenzte Chance ist das Geschäftsmodell PMP, welches Advertisern Zugang zum transparenten und hochpreisigen Inventar bietet (siehe Kap. 2.4). Sofern Advertiser aber Restplatz-Inventar aus dem OMP kaufen, haben sie weiterhin wenig Einblick bezüglich der Beschaffenheit. Mit weiteren qualitätssichernden Maßnahmen (Blacklist und Whitelist) versuchen Advertiser, intransparentes und qualitativ wertloses Inventar vor dem Kauf auszuschließen. Diese Maßnahmen sind jedoch sehr aufwendig und bieten lediglich eine kurzfristige Chance. Außerdem wünschen sich auch Publisher mehr Transparenz hinsichtlich der Werbemittel-Qualität der Advertiser. Um diese zu erreichen, sind Publisher einerseits gezwungen, ihr Inventar im PMP zu verkaufen. Andererseits beklagen sie jedoch, dass der Verkauf ihres Premium-Inventars im PMP eine Kannibalisierung (siehe Kap. 3.2.1) ihres traditionellen Geschäfts zur Folge habe (siehe Nr. 11 in Spalte „Herausforderung").

Wie bereits oben genannt, kann mit diesen kurzfristigen Chancen die Transparenz vielleicht teilweise, aber wahrscheinlich nicht vollständig und dauerhaft im gesamten Markt erhöht werden. Eine langfristige und uneingeschränkte Chance wird in Annahme 5 definiert. Diese leitet sich allerdings aus den Herausforderungen mancher Marktteilnehmer ab. Beispielsweise bedeutet die Übernahme intransparenter durch transparente und führende DSPs eine Herausforderung für intransparente DSPs. Diese Konsolidierung und somit Marktverdrängung intransparenter Unternehmen kann aber für den gesamten Markt als eine langfristige Chance verstanden werden (siehe Nr. 6). Gleichzeitig stellt das Risiko des Verlustes der Wettbewerbsfähigkeit intransparenter Agenturen möglicherweise eine langfristige Chance für mehr Transparenz im gesamten Markt des PA dar (siehe Nr. 8 in Spalte „Herausforderung").

Annahme 6: „Eine pauschale Beurteilung, ob sich die Teilnahme am PA für Advertiser lohnt, ist nicht möglich."

Annahme 7: „Eine pauschale Beurteilung, ob sich die Teilnahme am PA für Publisher lohnt, ist nicht möglich."

Begründung der Annahme 6 und Annahme 7:

Die Begründung der beiden Annahmen ist, dass sowohl für Advertiser (siehe Nr. 1) als auch für Publisher (siehe Nr. 9) aus den Literaturrecherchen pauschal nicht konkret hervorgeht, ob sich die Teilnahme am PA für sie lohnt.

4 Konzeption der empirischen Untersuchung

Der Fokus dieses Kapitels liegt auf der Datenerhebung und -auswertung der Experteninterviews. Im ersten Schritt erfolgt die Vorstellung des Fragebogens für die Forschungsfrage (siehe Kap. 1) und dessen Optimierung anhand von Pretests. Im Anschluss daran wird die Auswahl der Experten sowie die Vorgehensweise der Interviews erklärt. Auf dem beiliegenden Datenträger ist eine PDF-Datei mit dem Titel „Digitaler Anhang der Interview-Transkripte" hinterlegt. Diese beinhaltet die auf einem Tonband aufgezeichneten Experteninterviews. Die Transkriptionen unterliegen einfachen Regeln, die ebenso kurz vorgestellt werden. Der zweite Schritt bildet den inhaltlich relevanten Teil dieses Kapitels, nämlich die Auswertung der Interview-Transkripte (siehe Anhang VI). Kapitel 4 dient deshalb als eine vorbereitende Maßnahme, um die Forschungsfrage mit entsprechendem Datenmaterial im weiteren Verlauf der Untersuchung (siehe Kap. 5 u. Kap. 6) zu beantworten.

4.1 Datenerhebung durch Experteninterviews

Bezugnehmend auf die obige Erklärung sollen Daten mittels der empirischen Sozialforschung erhoben werden.[158] Insbesondere für diese Untersuchung eignen sich Experten aus bestimmten Unternehmen, die mit dem Thema des PA vertraut sind. Als Datenerhebungstechnik kommen deshalb Experteninterviews zum Einsatz.[159] Diese Technik weist sowohl Vorteile als auch Nachteile auf. Ein Nachteil ist die Ungewissheit darüber, ob ein ausgewählter Interviewpartner tatsächlich ein Expertenwissen besitzt. Da Experteninterviews mit einem höheren Aufwand verbunden sind, ist die Anzahl deren Stichprobe üblicherweise kleiner als bei der quantitativen Sozialforschung. Je kleiner die Stichprobe und je weniger Know-how die Befragten haben, desto geringer fällt die Gültigkeit der Ergebnisse für die Grundgesamtheit aus.[160]

---

[158] Vgl. Kaesler, Dirk: Max Weber (1864-1920), 2006, S. 210.
[159] Vgl. Schnell, Rainer/ Hill, Paul B./ Esser, Elke: Methoden, 2011, S. 9.
[160] Vgl. Helfferich, Cornelia: Die Qualität qualitativer Daten, 2011, S. 172ff.

Ein wesentlicher Vorteil, bspw. im Gegensatz zu einer Online-Umfrage, ist die Möglichkeit der Klärung unverständlicher Fragen und Antworten zwischen Befragtem und Interviewer aufgrund einer direkten Kommunikation. Zur Beantwortung der Forschungsfrage können durch Experteninterviews zum einen die in Kapitel 3 getroffenen Annahmen geprüft werden. Zum anderen lassen sich aus dem Dialog weiterführende Erkenntnisse ableiten. Dabei werden sowohl Methoden der qualitativen als auch der quantitativen Sozialforschung angewandt.[161] Mit der qualitativen Methode werden den Experten offene Fragen gestellt. Diese Fragetechnik eignet sich für besonders komplexe und ggf. unangenehme Themen. Offene Fragen überlassen dem Interviewpartner die freie Entscheidung darüber, welche Inhalte er ansprechen will. Demnach besteht im Vergleich zu quantitativen Fragen der Vorteil, dass zusätzliche Informationen gewonnen werden können. Der Nachteil ist jedoch, dass die frei formulierten Antworten einer subjektiven Interpretation durch den Analysten unterliegen können. Zur Steigerung der Objektivität kommt deshalb die quantitative Sozialforschung mithilfe von geschlossenen Fragen zum Einsatz. Dabei muss sich der Interviewpartner aus unterschiedlichen Antwortvorgaben für eine oder mehrere Aussagen entscheiden. Als problematisch kann sich bei geschlossenen Fragen jedoch erweisen, dass wichtige Informationen verloren gehen könnten, wenn diese in den Antwortvorgaben nicht zur Auswahl stehen. Um die oben dargelegten Vorteile der qualitativen und der quantitativen Ansätze zu nutzen und deren jeweilige Schwachstellen zu kompensieren, sollen beide Methoden in einem halbstandardisierten Fragebogen Anwendung finden. Aus Gründen der Vereinfachung wird im Folgenden der „halbstandardisierte Fragebogen" als „Fragebogen" bezeichnet. In Abhängigkeit der oben erklärten Charakteristika der beiden Fragetypen wird festgelegt, ob eine Frage offen oder geschlossen formuliert werden soll.[162]

---

[161] Vgl. Burke, Lisa A./ Miller, Monica K. in Christmann, Gabriela B.: Experteninterviews, 2009, S. 207.

[162] Vgl. Bortz, Jürgen/ Döring, Nicola: Forschungsmethoden und Evaluation, 2010, S. 238f.

4.1.1 Herleitung und Struktur des Fragebogens

Herleitung des Fragebogens

Wie bereits erläutert, sollen die in Kapitel 3 getroffenen Annahmen geprüft werden. Dementsprechend werden auf Basis der Annahmen 1 bis 7 in der tabellarischen Darstellung 5 die Inhalte des Fragebogens hergeleitet.[163] Die Nummer der jeweiligen Annahme ist in der ersten, die ausformulierte Annahme in der zweiten und die Zuordnung der Annahme zu einem Themenblock in der dritten Spalte der folgenden Tabelle aufgeführt.

Nr.	Annahme	Themenblöcke von A bis D
1	Eine Herausforderung ist der Fachkräftemangel.	A: Verfügbarkeit von Fachkräften
2	Eine Herausforderung ist das mangelnde Angebot an PVI.	B: Verfügbares Angebot an PVI
3	Eine Chance ist das künftig zunehmende Angebot an PVI.	
4	Eine Herausforderung ist die mangelnde Transparenz in der Zusammenarbeit zwischen den unterschiedlichen Marktteilnehmern.	C: Transparenz in der Zusammenarbeit zwischen den unterschiedlichen Marktteilnehmern
5	Eine langfristige Chance für mehr Transparenz im gesamten Markt ist die Verdrängung intransparenter Marktteilnehmer.	
6	Eine pauschale Beurteilung, ob sich die Teilnahme am PA für Advertiser lohnt, ist nicht möglich.	D: Kosten-Nutzen-Verhältnis für Advertiser und Publisher
7	Eine pauschale Beurteilung, ob sich die Teilnahme am PA für Publisher lohnt, ist nicht möglich.	

Darstellung 5: Zuordnung der Annahmen zu einem Themenblock[164]

Nach dem Exklusivitätskriterium müssen sich die Themenblöcke gegenseitig ausschließen.[165] Wie der obigen Darstellung zu entnehmen ist, bezieht sich Themenblock A (Annahme 1) auf den Arbeitsmarkt und grenzt sich somit von den übrigen Themenblöcken ab. Themenblock B (Annahme 2 u. Annahme 3)

---

[163] Vgl. Scholl, Armin: Die Befragung, 2013, S. 175.
[164] Eigene Darstellung.
[165] Vgl. Bortz, Jürgen/ Döring, Nicola: Forschungsmethoden und Evaluation, 2010, S. 151.

thematisiert das verfügbare Angebot an Video-Inventar im PA und hat somit keine Gemeinsamkeiten mit den anderen Themenblöcken. Des Weiteren wird lediglich im Themenblock C (Annahme 4 u. Annahme 5) die Zusammenarbeit zwischen den Marktteilnehmern behandelt. Ausschließlich der letzte Themenblock D (Annahme 6 u. Annahme 7) bezieht sich auf die Kosten und Nutzen.

Struktur des Fragebogens

Im nächsten Schritt wird die Struktur des Fragebogens festgelegt, die den elementaren Kern des Fragebogens bildet. Eine Struktur ist notwendig, um logisch zusammenhängende Daten zu erheben. Dadurch soll eine Konversationslogik gewährleistet werden, sodass sich keine Sprünge zwischen den Themen ergeben.[166] Sensible und besonders komplexe Sachverhalte sollten nicht direkt zu Beginn angesprochen werden, um einen möglichen Abbruch des Interviews zu vermeiden. Allerdings empfiehlt es sich, derartige Fragen vor dem Eintritt einer Ermüdung des Befragten zu stellen.[167] Entsprechend dieser Regeln wird im Folgenden die Reihenfolge der Fragen und somit die der Themenblöcke erklärt.

Im Vergleich zu den anderen Themenblöcken handelt es sich bei den Themenblöcken A und B (siehe Darstellung 5) um eine sachliche Fragestellung. Zuerst wird Themenblock A behandelt, da der Arbeitsmarkt ein häufiger Diskussionspunkt in der gesellschaftlichen Debatte ist und einen leichten Einstieg ins Interview gewährt. Anschließend erfolgt Themenblock B. Hingegen beinhalten die Themenblöcke C und D (siehe Darstellung 5) sensible Fragestellungen. Themenblock C soll aus den nachfolgenden beiden Gründen vor Themenblock D platziert werden. Die erste Begründung ist, dass im Kapitel 3 aus den Literaturrecherchen viele Informationen zu dem umfangreichen Themenblock C „Transparenz in der Zusammenarbeit zwischen den unterschiedlichen Marktteilnehmern" ermittelt wurden. Demnach ist mit hoher Wahrscheinlichkeit davon auszugehen, dass die Meinungsäußerungen der Experten zu diesem Aspekt sehr viel Zeit in Anspruch nehmen werden. Um

---

[166] Vgl. Bortz, Jürgen/ Döring, Nicola: Forschungsmethoden und Evaluation, 2010, S. 151.
[167] Vgl. Scholl, Armin: Die Befragung, 2013, S. 175.

den oben genannten Ermüdungseffekt der Befragten zu vermeiden, soll Themenblock C vor Themenblock D angeordnet werden. Die zweite Begründung ist, dass durch Themenblock D die Interviewpartner zu einer Einschätzung der Finanzlage der Unternehmen befragt werden. Derartige Informationen können als sensible Fragen kategorisiert werden. Laut der obigen Erklärung sollen sie deshalb am Ende des Interviews stehen.

Eine Zusammenfassung zu der Reihenfolge der Themenblöcke von A bis D bietet Darstellung 6 (siehe Farbe Hellgrau). Nach der Aufnahme aller Themenblöcke in den Fragebogen ist eine skalierte „Kontrollfrage" ratsam (siehe Farbe Dunkelgrau). Wie derselben Darstellung unter Kontrollfrage zu entnehmen ist, sollen lediglich die zuvor ermittelten Herausforderungen aus den Themenböcken A bis D mit einer Skalierung bewertet werden.[168,169]

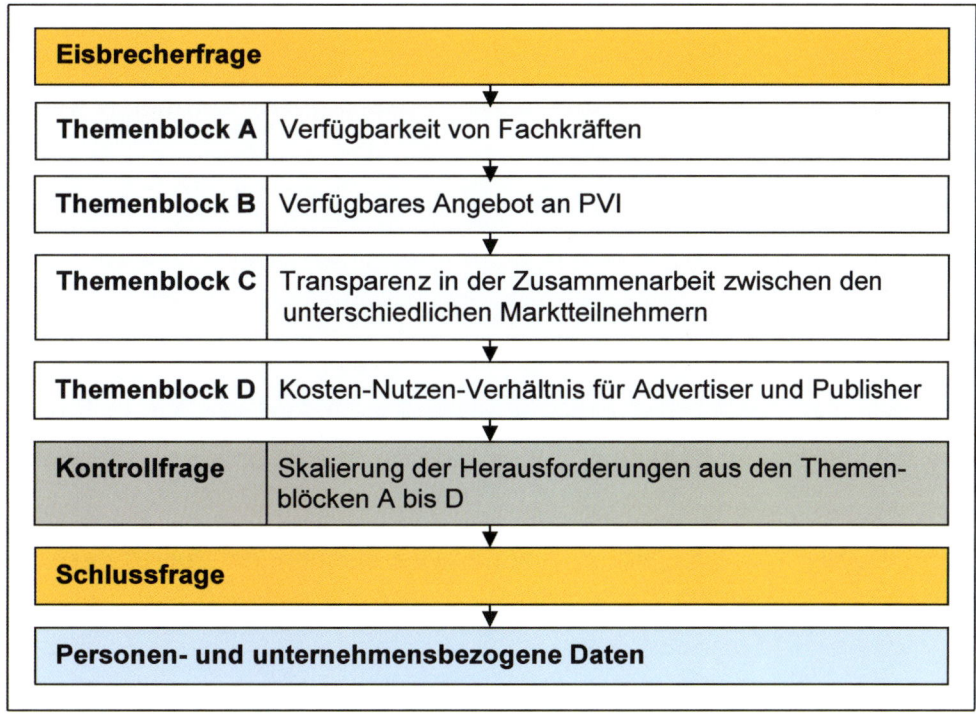

Darstellung 6: Struktur des Fragebogens[170]

---

[168] Vgl. Scholl, Armin: Die Befragung, 2013, S. 158.

[169] Vgl. Balzert, Helmut et al.: Wissenschaftliches Arbeiten, 2008, S. 57.

[170] Eigene Darstellung.

In der obigen Darstellung sind ebenso die Eisbrecher- und Schlussfrage (siehe Farbe Orange) aufgeführt. Eisbrecherfragen eröffnen das Interview, lockern die Gesprächsatmosphäre und führen den Interviewpartner zur Forschungsfrage hin. Die Schlussfrage rundet das Interview ab und signalisiert dem Befragten, dass er an einer logisch strukturierten Umfrage teilgenommen hat.[171] Daneben wird der Interviewpartner gebeten, personen- und unternehmensbezogenen Informationen anzugeben (siehe Farbe Blau). Hierbei handelt es sich um sensible Daten, sodass dieser Fragenblock nach den obigen Regeln den Abschluss des Interviews bildet.

4.1.2 Optimierung des Fragebogens anhand von Pretests

Auf Basis der vorgestellten „Struktur des Fragebogens" ist der Entwurf des Fragebogens dem Anhang I zu entnehmen. Vor der Durchführung der Experteninterviews wird die Qualität des Fragebogens hinsichtlich der Formulierung der Fragestellungen in fünf Pretests geprüft. Dabei kommen die beiden gebräuchlichen Pretest-Verfahren zum Einsatz. Das kognitive Verfahren wird im Pretest 1 und 4 eingesetzt, wobei der Proband aktiv gebeten wird, die ihm gestellten Fragen kritisch zu bewerten. Anhand dieser Wertung können Verbesserungen vorgenommen werden. Im Pretest 2, 3 und 5 wird das Verfahren des Feld-Pretests herangezogen. Dies setzt eine passive Rolle des Interviewers voraus. Durch Beobachtung kann er mögliche Mängel feststellen, um diese nach den Regeln der Frageformulierung (siehe Kap. 4.1 u. Kap. 4.1.1) aus der Literatur zu beheben.[172] Eine tabellarische „Aufstellung der fünf am Pretest teilgenommenen Probanden" ist im Anhang II vorzufinden. Dem beigefügten Datenträger im Ordner „Tonbandaufzeichnungen der Pretests" sind die Interviews mit den Probanden zu entnehmen.

Eine Optimierung der Fragen entsprechend der Erkenntnisse aus den Pretests findet nur bei einigen Fragen statt. Weniger bedeutsame Veränderungen in Bezug auf vereinzelte Wörter oder auf den Satzbau sind zwar im Anhang II

---

[171] Vgl. Scholl, Armin: Die Befragung, 2013, S. 156f.
[172] Vgl. Faulbaum, Frank/ Prüfer, Peter/ Rexforth, Margrit: Was ist eine gute Frage?, 2009, S. 96ff.

dokumentiert, werden hier aber nicht weiter thematisiert.[173] Im Folgenden werden lediglich die wichtigsten Anpassungen in den jeweiligen Themenblöcken erläutert.

Themenblock A: Verfügbarkeit von Fachkräften

Nach der Durchführung eines ersten kognitiven Pretests wurde die Frage „Wie kann die Verfügbarkeit von Fachkräften erhöht werden?" im endgültigen Fragebogen aus dem folgenden Grund zusätzlich ergänzt.[174] Im Pretest 1 hat sich herausgestellt, dass der Proband mit großer Wahrscheinlichkeit Ideen zur Erhöhung der Verfügbarkeit von Fachkräften im PA hat.[175]

Themenblock B: Verfügbares Angebot an PVI

Im Rahmen der ersten Frage dieses Themenblocks soll das Verhältnis zwischen dem Angebot und der Nachfrage des PVI bewertet werden. Diese Frage wird beginnend vom ersten Entwurf des Fragebogens bis zum Pretest 4 als eine offene Frage formuliert. Es konnte jedoch beobachtet werden, dass alle vier Probanden fähig sind, den Bestand an PVI entweder mit einem Angebots- oder mit einem Nachfrageüberschuss zu beurteilen. Daher wird diese offene Frage als eine geschlossene Frage im endgültigen Fragebogen formuliert.[176] Wie bereits erwähnt, besteht der Vorteil einer geschlossenen Frage in der erleichterten Messbarkeit der Antworten. Der Nachteil ist die fehlende Möglichkeit zur Gewinnung zusätzlicher Informationen.[177] Demnach wird in diesem Themenblock der Proband in einer zweiten offenen Frage gebeten, seine in der ersten Frage getroffene Einschätzung zu begründen.[178] Eine Optimierung dieser zweiten Frage hat folgendermaßen stattgefunden: In Pretest 2 wird nach der Einschätzung der Entwicklung der Angebotsmenge an PVI bis ins Jahr 2020, gemessen an dem aktuell vorhandenen Bestand, gefragt. Der Proband erklärt jedoch, dass er nicht fähig ist eine Einschätzung

---

[173] Vgl. Anhang II: Optimierung des Fragebogens nach Pretest 1 bis 5, S. 119-122.

[174] Vgl. Anhang III: Fragebogen, Frage 3, S. 123.

[175] Vgl. Anhang II: Optimierung nach Pretest 1 bis 5, Pretest 1, S. 119.

[176] Vgl. Anhang III: Fragebogen, Frage 5, S. 123f.

[177] Vgl. Möhring, Wiebke/ Schlütz, Daniela: Die Befragung, 2010, S. 75.

[178] Vgl. Anhang III: Fragebogen, Frage 8, S. 124.

für die nächsten fünf Jahre zu treffen und empfiehlt, einen Betrachtungszeitraum von zwei Jahren zugrunde zu legen.[179]

Themenblock C: Transparenz in der Zusammenarbeit zwischen den unterschiedlichen Marktteilnehmern

Das Ziel dieses Themenblocks ist die Identifizierung von Marktteilnehmern, die wenig Transparenz in der Zusammenarbeit bieten. Die Formulierung einer optimalen Frage zu dieser Thematik erweist sich aus den nachfolgenden beiden Gründen als sehr schwierig und aufwendig. Der erste Grund ist, dass zwischen zwei Marktteilnehmern ein unterschiedliches Niveau an Transparenz in der Zusammenarbeit vorliegt. Während bspw. zwischen Advertiser und Agentur eine niedrige Transparenz herrscht, gestalten Publisher und SSP ihre Geschäftsbeziehung vergleichsweise transparenter. Der zweite Grund liegt in der Sensibilität der Fragen des Themenblocks. Denn der Proband wird dazu aufgefordert, einem Marktteilnehmer eine intransparente Strategie zu unterstellen und so dessen Image zu schädigen. Die oben erwähnte Schwierigkeit besteht in der geeigneten Formulierung der Frage, um solch sensible Informationen von den Experten zu erhalten. Eine Optimierung der Fragen des Themenblocks von Pretest 1 bis 5 ist aus Anhang II zu entnehmen.[180]

4.1.3 Auswahl der Experten

Clusterverfahren als Ausgangspunkt für die Auswahl der Experten

Für die Auswahl der Experten kommt das aus der Sozialforschung stammende Clusterverfahren zum Einsatz. Dabei wird die Gesamtheit der in Kapitel 2.3 vorgestellten Marktteilnehmer im Ökosystem des PA in einzelne Cluster zerlegt.[181] Wie aus Darstellung 7 hervorgeht, werden die Cluster jeweils eindeutig einer Gruppe zugeordnet. Daraus ergeben sich innerhalb der Gruppe Buy Side die Cluster Advertiser, Agentur und DSP. Der Ad Server wird dem Cluster DSP zugeordnet, da bereits erklärt wurde (siehe Kap. 3.1.2), dass

---

[179] Vgl. Anhang II: Optimierung nach Pretest 1 bis 5, Pretest 2, S. 120.
[180] Vgl. Anhang II: Optimierung nach Pretest 1 bis 5, Pretest 2 bis Pretest 5, S. 120-122.
[181] Vgl. Mayer, Horst Otto: Interview und schriftliche Befragung, 2013, S. 65.

einige DSPs ursprünglich Ad Server waren. Laut Angaben aus dem Experten-interview wird sich auch dieser Ad Server künftig zu einer DSP weiterent-wickeln.[182] Die Sell Side umfasst den Cluster SSP, die Meta SSP[183] und den Publisher. Ein von der Buy Side sowie der Sell Side unabhängiger Cluster mit dem Namen „DMP & Magazin" dient der vielseitigen Erkenntnisgewinnung durch weitere Informationen.[184] Dieser Cluster, bestehend aus einer DMP und einem Online-Magazin, ist ebenfalls in Darstellung 7 gekennzeichnet.

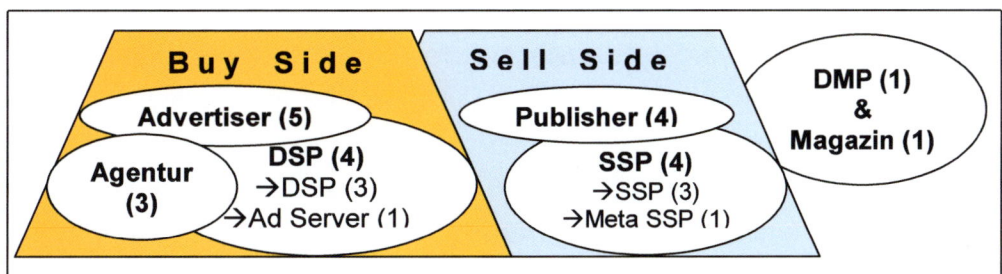

Darstellung 7: Gruppierung der Marktteilnehmer und Einordnung in Cluster[185]

Die stellvertretenden Unternehmen für jeden Cluster werden aus dem in den Fachkreisen des PA weit verbreiteten „Display Advertising Ecosystem in Deutschland" aus dem Jahr 2015 ausgewählt.[186] Schätzungsweise 75% der Unternehmen werden dieser Aufstellung entnommen. Mittels der Suche in der Medienbibliothek des BVDW und anhand weiterer Internetrecherchen werden die restlichen ca. 25% der am PA teilnehmenden Unternehmen für die einzel-nen Cluster ausfindig gemacht.[187]

Aus der obigen Darstellung ist hinter jedem Cluster eine in Klammern gesetzte Zahl zu entnehmen, die besagt, wie viele Experten als Stellvertreter innerhalb eines Clusters befragt werden. Insgesamt beläuft sich die Anzahl der Stich-proben auf 22 Experten. Da nach dem volkswirtschaftlichen Prinzip die Nach-

---

[182] Vgl. EIV_M: Digitaler Anhang der Interview-Transkripte, Zeile 395-405.
[183] „Meta SSP" ist die Bezeichnung für die Aggregation von mehreren SSPs.
[184] Vgl. Mayer, Horst Otto: Interview und schriftliche Befragung, 2013, S. 42.
[185] Eigene Darstellung.
[186] Vgl. Improve Digital: Ecosystem Deutschland, Stand 08.2015, Abruf 05.12.2015.
[187] Vgl. BVDW: Medienbibliothek BVDW, Stand o.J.b, Abruf 05.12.2015.

frage das Angebot an Inventar im PA steuert, werden bewusst mehr Experten aus der Buy Side und vorrangig aus dem Cluster Advertiser befragt.

Auswahl der Experten und Kontaktaufnahme

Im Anhang IV ist eine tabellarische Aufstellung der ausgewählten Experten detailliert dargestellt. Dieser Tabelle sind jeweils der Name der Firma (fett markiert), der Name des Experten (unterstrichen) sowie sein Job-Titel zu entnehmen. Zudem ist jeder Experte mit einem Buchstaben von A bis W markiert. Die Kennzeichnung dient der Vereinfachung der späteren Auswertung, wobei der Name eines Experten durch einen Buchstaben als Kürzel ersetzt wird.

Eine Kontaktaufnahme mit einem Experten über die PR-Abteilung eines Unternehmens wird bewusst vermieden. Denn aus eigener Erfahrung besteht dabei die Gefahr, dass ein Mitarbeiter für das Experteninterview von der PR-Abteilung zur Verfügung gestellt wird, der zwar zeitlich verfügbar ist, jedoch nicht unbedingt ein Expertenwissen hat. Folglich findet eine direkte Kontaktaufnahme mit einem entsprechenden Experten über das soziale Netzwerk XING statt. Ein Auswahlkriterium für die potenziellen Experten ist primär die Dauer ihrer Erfahrungen im PA. Diese lässt sich anhand ihres Werdegangs auf Basis ihrer Profil-Angaben bei XING analysieren. Ein weiteres Auswahlkriterium ist die Berufsbezeichnung. Es ist aber davon nicht zwangsläufig auszugehen, dass z. B. ein CEO einen höheren Wissensstand über PA hat als ein ihm untergeordneter Mitarbeiter. Insbesondere in einem Konzern hat ein CEO üblicherweise eine generalistische Funktion. In kleinen Unternehmen hingegen übernimmt der CEO eher Aufgaben eines Spezialisten. Demnach sollen in kleinen Unternehmen vor allem CEOs befragt werden, da sie auch Fachkenntnisse haben und nicht nur ihre Führungsaufgabe ausüben. In Konzernen werden die Mitarbeiter ausfindig gemacht, welche die Rolle eines Spezialisten im PA einnehmen.[188] Dennoch ist eine valide Beurteilung der Eignung einer Person für das Experteninterview nur bedingt möglich, weil verschiedene

---

[188] Vgl. Sprondel, Walter Michael: Experte und Laie, 1979, S. 140ff.

Faktoren den Wissensaufbau und die Wissensentwicklung eines Menschen unterschiedlich prägen.[189]

4.1.4 Durchführung der Experteninterviews

Die farbliche Markierung aus Anhang IV zeigt auf, ob das Interview persönlich, telefonisch oder via Skype durchgeführt wird. Für eine bessere Vergleichbarkeit der Ergebnisse kommt in allen drei Interviewarten derselbe Fragebogen zum Einsatz. Bei der Formulierung der Fragen durch den Interviewer ergeben sich lediglich kleine Abweichungen im Satzbau, die aber den Sinn der Frage nicht verändern. Zwischenfragen, die nicht Bestandteil des Fragebogens sind, werden nur in Ausnahmefällen gestellt.[190] Da sich in den Pretests herausgestellt hat, dass die Probanden den Fragebogen gerne vor dem Interview sehen möchten, wird dieser zwei bis drei Tage vor dem vereinbarten Termin allen Experten per E-Mail oder XING zugeschickt. Die Experteninterviews werden auf einer Tonspur aufgezeichnet. Vor jeder Aufnahme des Gesprächs wird der Interviewpartner gefragt, ob er mit der Aufzeichnung einverstanden ist. Danach folgt eine kurze Interviewschulung (siehe Anhang V) als Einleitung.[191] Durch die passive Rolle des Interviewers wird der Befragte nicht in eine Richtung gelenkt. Dabei verhält sich der Interviewer neutral, indem er die Antworten des Interviewpartners nicht kommentiert oder bewertet.[192] Im Ordner „Tonbandaufzeichnung der Experteninterviews" aus dem beigefügten Datenträger sind alle 22 Tonbandaufzeichnungen zu finden.

Transkription der Experteninterviews

Anschließend werden die aufgezeichneten Experteninterviews transkribiert. Auf dem beigefügten Datenträger ist ein „Digitaler Anhang der Interview-Transkripte" abgelegt, der die gesamten Transkriptionen beinhaltet. Dabei kommen die einfachen Transkriptionsregeln zum Einsatz. Jedes gesprochene Wort wird transkribiert, um die genaue Sinnhaftigkeit der Aussagen beizube-

---

[189] Vgl. Seiler, Bernhard Thomas/ Reinmann, Gabi: Wissensbegriff, 2004, S. 5ff.
[190] Vgl. Lamnek, Siegfried: Qualitative Sozialforschung, 2010, S. 30.
[191] Vgl. Schnell, Rainer/ Hill, Paul B./ Esser, Elke: Methoden, 2011, S. 344.
[192] Vgl. Lamnek, Siegfried: Qualitative Sozialforschung, 2010, S. 324.

halten. Sofern die Übersetzung von Dialekten ins Hochdeutsche nicht möglich ist, werden diese beibehalten. Wortschleifungen (z. B. „Die Transparenz ist so`n Thema") werden an das Schriftdeutsche (z. B. zu „Die Transparenz ist so ein Thema") angepasst. Eine Korrektur syntaktischer Fehler im Satzbau (z. B. „Das Budget sind da") wird nicht vorgenommen. Die Erfassung von Wortdopplungen erfolgt nur dann, wenn diese als Stilmittel zur Betonung der Aussagen gelten. Auf die Transkription von emotionalen, nonverbalen Äußerungen (z. B. Lachen, Seufzen, Stottern oder Pausen) sowie Füllwörter (z. B. „Ja", „ähm") wird ebenso verzichtet. Bedeutsame Verständnissignale (z. B. „mhm") werden mit „Ja" und unverständliche Wörter mit (unv.) angegeben. Das Kürzel für den Interviewer ist „I". Wie bereits erwähnt, sind im Anhang IV die 22 Experten jeweils mit einem individuellen Buchstaben gekennzeichnet. Zahlen von null bis zwölf werden ausgeschrieben und größere Zahlen mit Ziffern aufgeführt. Skalenwerte und feste Konventionen wie z. B. „SSP 1" oder „SAT.1" sind in Ziffern anzugeben.[193] Die Kennzeichnung der nach dem Interview ergänzten Wörter oder Sätze erfolgt in eckigen Klammern „[   ]". Nicht beendete Sätze sowie das Einfügen von zusätzlichen Nebensätzen durch die Experten werden mit dem Zeichen „ - " markiert.

4.2 Datenauswertung

Die gesamte Datenauswertung ist den durchnummerierten Tabellen in Anhang VI zu entnehmen. Qualitative bzw. offene Fragen erfordern eine andere und wesentlich komplexere Auswertung als quantitative bzw. geschlossene Fragen.

Auswertung quantitativ erhobener Daten

Bei der Analyse der quantitativ erhobenen Daten durch geschlossene Fragen werden die Antwortvorgaben sowie die einzelnen Cluster zugrunde gelegt. In einem Cluster befinden sich mehrere Experten. Die Kürzel dieser Experten erfolgs durch die Angabe „EIV" für „Experteninterview". Für jede durch einen Experten ausgewählte Antwortvorgabe wird sein Kürzel in die Tabelle einge-

[193] Vgl. Dreising, Thorsten/ Pehl, Thorsten: Transkription, Stand 09.2013, Abruf 05.12.2015, S. 21ff.

tragen. Sofern sich innerhalb eines Clusters mehrere Experten für eine Antwort entscheiden, werden die einzelnen Kürzel nacheinander eingetragen. Auf
diese Weise lässt sich die absolute Häufigkeit, welche im Anhang VI mit „H."
angegeben ist, für jede Antwortvorgabe innerhalb einer quantitativ erhobenen
Frage zahlenmäßig darstellen. Daraufhin werden zu jeder Antwortvorgabe die
absoluten Häufigkeiten von allen Clustern kumuliert und als „Σ H. (absolut)"
angegeben. Der Großteil der quantitativ erhobenen Fragen wird auf diese
Weise ausgewertet. Bei einer der Fragen erfolgt die Betrachtung zusätzlich
nach Unternehmensgrößen (siehe Anhang VI in Tabelle 4). Eine andere Frage
wird nicht nach Clustern ausgewertet (siehe VI in Tabelle 17). Es werden hier
lediglich die von den Experten genannten Marktteilnehmer aufgelistet, welche
mit den vorgegebenen Antwortmöglichkeiten bewertet werden. Die Benenn-
ung dieser Marktteilnehmer ist nicht mit der Bezeichnung der Cluster zu
verwechseln. [194]

Vergleich der Auswertung quantitativ und qualitativ erhobener Daten

Da quantitativ erhobene Daten gezählt und aufsummiert werden, erlauben sie
eine Auswertung nach Clustern. Im Gegensatz dazu erfolgt die Auswertung
qualitativ erhobener Daten aus offenen Fragen nicht durch Zählung. Bei der
qualitativen Forschungsmethode wird z. B. vom „Großteil der Interviewpartner"
oder von „einigen Befragten" der gesamten Stichprobe gesprochen, ohne
Angaben zu absoluten Häufigkeiten zu treffen. Der Grund einer fehlenden
Zahlenangabe ist, dass es sich hierbei um die Beschreibung eines sozialen
Gegenstandes durch Textanalysen handelt.[195]

Auswertung qualitativ erhobener Daten

Qualitativ erhobene Daten durch offene Fragen werden auf Basis der qualitativen Inhaltsanalyse nach Mayring[196] ausgewertet. Es besteht dabei die
Möglichkeit, aus den drei Grundverfahren zu wählen: Zusammenfassung,

---

[194] Vgl. Schäfer, Chriatian/ Scheer, Jens-Uwe: Statistisches Tutorium, 2009, S. 22ff.

[195] Vgl. Heinze, Thomas: Qualitative Sozialforschung, 2001, S. 13ff.

[196] Philipp Mayring ist studierter Psychologe, Pädagoge und Soziologe. Er ist Professor für
Psychologische Methodenlehre am Institut für Psychologie der Universität Klagenfurt und
leitet dort auch das Zentrums für Evaluation und Forschungsberatung.

<u>Explikation</u> und <u>Strukturierung</u>. Die Strukturierung als Methode zur Definition von Kategorien kommt nicht in Frage, weil das Datenmaterial bereits in Themenblöcken kategorisiert ist. Gleichermaßen ist die Explikation weniger zweckmäßig, weil sie vorrangig auf die Erklärung eines unverständlichen Themas abzielt und das Herantragen zusätzlicher Informationen erfordert. Das vorliegende Datenmaterial ist jedoch kein unbekannter Kontext, da es auf einem theoriegeleiteten Fragebogen basiert.[197] Somit erweist sich die Zusammenfassung als ein geeignetes Verfahren für die Untersuchung. Ihr Grundprinzip ist die mit Makrooperatoren schrittweise Verallgemeinerung des Datenmaterials auf eine vorab festgelegte Abstraktionsebene. Im Folgenden werden die Schritte der Zusammenfassung innerhalb des inhaltsanalytischen Ablaufmodells unter Zuhilfenahme von Darstellung 8 erklärt.[198]

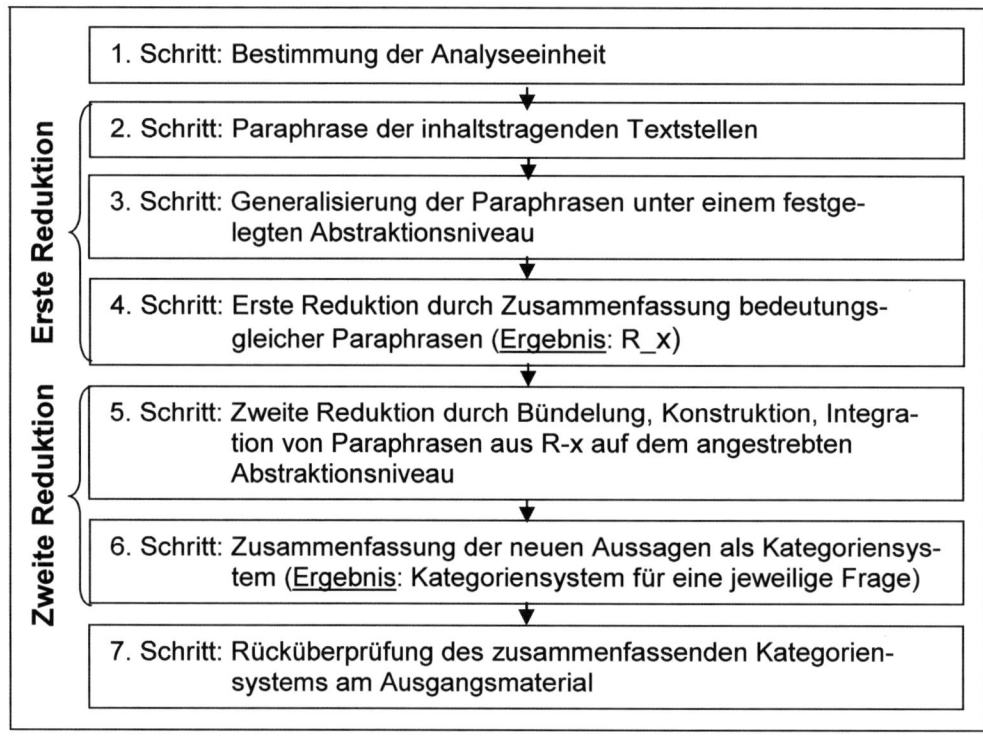

Darstellung 8: Inhaltsanalytisches Ablaufmodell der Zusammenfassung[199]

---

[197] Vgl. Mayring, Philipp: Qualitative Inhaltsanalyse, 2010, S. 66.
[198] Vgl. Mayring, Philipp: Qualitative Inhaltsanalyse, 2010, S. 67.
[199] In Anlehnung an Mayring, Philipp: Qualitative Inhaltsanalyse, 2010, S. 84.

Im ersten Schritt soll die Analyseeinheit bestimmt werden. Dabei geht es um die Frage, „was" analysiert werden soll. Die Aussagen der 22 Experten zu einer einzigen Frage ist als eine Analyseeinheit zu verstehen. Folglich existieren in Abhängigkeit der Anzahl der Fragen mehrere Analyseeinheiten.

In Anhang VI ist für jede Frage eine Tabelle unter dem Namen „Erste Reduktion auf R_x" zusammengestellt. In der ersten Spalte dieser Tabelle ist das Kürzel eines jeden Experten unter der Spaltenüberschrift „EIV" vermerkt. Im zweiten Schritt sollen den Interview-Transkripten pro Frage inhaltstragende Textstellen entnommen werden. Für ein schnelles Wiederfinden einer Textstelle wird deren entsprechende Zeilennummer in der zweiten Spalte „Zeile" notiert. Jede ausgewählte Textstelle wird mit dem Makrooperator „Paraphrase" in der dritten Spalte transformiert. Paraphrasieren bedeutet, dass ausschmückende und sich wiederholende Wendungen nicht berücksichtigt werden. Nur die bedeutungsvollen Textstellen werden auf eine einheitliche Sprachebene übersetzt und in eine grammatikalische Kurzform (z. B. qualitativ hochwertiges Inventar) umgeschrieben. Im dritten Schritt wird jede Paraphrase mit dem Makrooperator „Generalisierung" in der vierten Spalte auf eine vorab festgelegte Abstraktionsebene verallgemeinert. Vorher definierte Paraphrasen sollen in den neu formulierten und generalisierten Paraphrasen impliziert sein. Es werden Paraphrasen belassen, die über dem angestrebten Abstraktionsniveau liegen. Beispielsweise werden die folgenden noch nicht generalisierten Paraphrasen:

> „Nr. 1: PA ist sehr jungfräulich",
> „Nr. 2: Die Disziplin ist sehr neu" und
> „Nr. 3: PA ist eine sehr junge Disziplin"

zu „PA ist eine sehr junge Disziplin" generalisiert.

Daraus ist ersichtlich, dass die nicht generalisierte Paraphrase „Nr. 3: PA ist eine sehr junge Disziplin" über dem angestrebten Abstraktionsniveau liegt und deshalb nicht weiter generalisiert, sondern beibehalten wird. Bei Zweifelsfällen kommen während der Generalisierung auch theoretische Vorannahmen zum Einsatz. Schließlich wird im vierten Schritt mit dem nächsten Makrooperator die erste „Reduktion" vollzogen. Dabei werden lediglich bedeutungsgleiche Paraphrasen selektiert und als eine neue Paraphrase formuliert. Das Ergebnis dieser Zusammenfassung ist das „R_x". Das „R" steht für die erste Reduktion des Datenmaterials, das „_x" ist ein Platzhalter für die Nummer der jeweiligen Reduktion.

Nach der ersten Reduktion erfolgt die zweite Reduktion des Datenmaterials ab dem fünften Schritt (siehe Darstellung 8). Für jede Frage existiert eine zweite Tabelle in Anhang VI unter der Bezeichnung „Zweite Reduktion auf das Kategoriensystem für Frage x". Hier sind alle Paraphrasen aus „R_x", wie z.B.:

„R_1: Es besteht Fachkräftemangel im PA" und
„R_2: Fehlende Ausbildungsplätze" aufgelistet.

Es erfolgt eine wiederholte Generalisierung der Paraphrasen aus „R_x", wobei diese auf dem angestrebten Abstraktionsniveau gebündelt, konstruiert und integriert werden. Im sechsten und letzten Schritt der zweiten Reduktion (siehe Darstellung 8) wird aus den generalisierten Paraphrasen ein Kategoriensystem für eine einzelne Frage gebildet. Beispielsweise ist das Ergebnis für Frage 1:

„Kategorie 1: Herausforderung ist der Fachkräftemangel" und
„Kategorie 2: Chance ist die Schaffung von Ausbildungsplätzen".

Wie Darstellung 8 zu entnehmen ist, wird im letzten Schritt der Auswertung das Kategoriensystem pro Frage auf ihre Schlüssigkeit anhand des Aus-gangsmaterials, den Interview-Transkripten, geprüft.[200]

---

[200] Vgl. Mayring, Philipp: Qualitative Inhaltsanalyse, 2010, S. 68ff.

5 Darstellung und Interpretation der Ergebnisse aus der Datenauswertung

In diesem Kapitel erfolgt die Darstellung und Interpretation der aus der Datenauswertung (siehe Anhang VI) gewonnenen Ergebnisse. Dabei wird zwischen der Vorgehensweise der quantitativen und der qualitativen Methode unterschieden. Bei qualitativen Studien fließen Analyse und Interpretation von Daten zusammen.[201] Denn durch die Methodik der Zusammenfassung nach Mayring sind mit den ermittelten Kategorien bereits Interpretationen vollzogen worden. Demnach werden die aufgeführten Kategorien pro Frage vorgestellt und gleichzeitig interpretiert. Mithilfe bestimmter Zitate aus dem „Digitalen Anhang der Transkriptionen" lässt sich der Inhalt einer Kategorie verdeutlichen. Bei quantitativ erhobenen Daten wird durch die deskriptive Statistik vorerst nur das Ergebnis der Auswertung ohne Interpretation wiedergegeben.[202] In einem nächsten Schritt erfolgt dann die Interpretation der Ergebnisse mithilfe der induktiven Statistik.[203]

5.1 Themenblock A: Verfügbarkeit von Fachkräften

5.1.1 Frage 2: Quantitativ erhobene Daten

Einschätzung der Verfügbarkeit von Fachkräften im deutschen Markt des PA

Von 22 Befragten geben 13 Experten an, dass nur eine „niedrige" Verfügbarkeit von Fachkräften vorliegt. Die übrigen neun Antworten verteilen sich auf die vorgegebenen Antwortmöglichkeiten „sehr niedrig" und „mittelmäßig". Kein Befragter wählt die Option „hoch" oder „sehr hoch". Auffällig ist, dass alle Interviewpartner aus dem Cluster Publisher sich für die Antwortmöglichkeit „mittelmäßig" entscheiden. Vereinzelte Befragte aus den Clustern Advertiser, Agentur und SSP geben die Antwort „sehr niedrig" an.[204]

---

[201] Vgl. Keuneke, Susanne: Leitfaden, Stand o.J., Abruf 18.01.2016, S. 5.
[202] Vgl. Galata, Robert/ Scheid, Sandro: Deskriptive und Induktive Statistik, 2012, S. 14f.
[203] Vgl. Galata, Robert/ Scheid, Sandro: Deskriptive und Induktive Statistik, 2012, S. 16.
[204] Vgl. Anhang VI: Tabelle 3, S. 135.

Im weiteren Verlauf erfolgt die Betrachtung der Antworten aus drei unterschiedlichen Unternehmensgrößen. Die Anzahl der Stichprobe beträgt hier 21, nicht 22 Interviewpartner, da einer der Experten keine Angabe zu der Größe seines Arbeitsgebers gemacht hat. In Tabelle 4 aus dem Anhang VI ist die Aufteilung der Stichprobe in kleine, mittelständische und große Unternehmen dargestellt. Die Einschätzung der Verfügbarkeit von Fachkräften wird von allen Experten aus allen Unternehmensgrößen zum Großteil mit „niedrig" angegeben. Ein bis zwei Interviewpartner aus allen Unternehmensgrößen entscheiden sich für die Antwort „sehr niedrig" und „mittelmäßig".[205]

Interpretation der obigen Ergebnisse: Mit großer Wahrscheinlichkeit liegt ein Fachkräftemangel im PA vor. Der Grund für diese Vermutung ist, dass alle Interviewpartner die Verfügbarkeit von Fachkräften zwischen „sehr niedrig" bis „mittelmäßig" eingeschätzt haben. Der Cluster Publisher geht von einem höheren Personalbestand aus als die anderen Cluster. Demzufolge ist es möglich, dass Publisher im Gegensatz zu anderen Marktteilnehmern entweder mehr Fachkräfte beschäftigen oder sie haben einen geringeren Bedarf an Fachkräften. Des Weiteren ist kein Zusammenhang zwischen der Unternehmensgröße und einer ausgewählten Antwortmöglichkeit festzustellen. Folglich besteht wahrscheinlich ein Fachkräftemangel unabhängig von der Unternehmensgröße.

5.1.2 Frage 3: Qualitativ erhobene Daten

Begründung der oben eingeschätzten Verfügbarkeit des Fachkräftemangels

Kategorie 1: Der Großteil der Interviewpartner erklärt die Angabe der „sehr niedrigen" bis „mittelmäßigen" Verfügbarkeit von Fachkräften damit, dass PA im deutschen Markt noch nicht ausreichend etabliert sei. PA „ist eine sehr junge Disziplin."[206] Weitere Gründe seien kaum vorhandene Ausbildungs-

---

[205] Vgl. Anhang VI: Tabelle 4, S. 136.
[206] EIV_A: Digitaler Anhang der Interview-Transkripte, Zeile 56.

möglichkeiten sowie Studiengänge, die zu einem mangelnden Know-how im gesamten Markt des PA führen.[207]

Kategorie 2: Einige Interviewpartner sprechen die verschiedenen Arten von Fachkräften, z. B. Mathematiker, Statistiker, Ingenieure, Entscheider, an. Sie erklären, dass für unterschiedliche Berufsbilder im PA ein jeweils anderer Personalbestand vorliegt.[208]

> Ein Befragter sagt, dass im „Bereich [...] Engineering, also sprich Software-Development [...] ist es extrem niedrig. Wenn es in den Bereich geht, alles was Kampagnen-Steuerung betrifft, ist es genauso niedrig."[209]

Ein anderer Experte entgegnet:

> „Es sind weniger Leute fähig, im Programmatic ordentliche Entscheidungen zu treffen."[210]

Folglich ist eine differenzierte Betrachtung der verschiedenen Verfügbarkeiten der unterschiedlichen Fachkräfte im PA notwendig.

5.1.3   Frage 4: Qualitativ erhobene Daten

Vorschläge zur Erhöhung der Verfügbarkeit von Fachkräften im deutschen Markt des PA

Kategorie 1: Die meisten Interviewpartner schlagen vor, die Verfügbarkeit von Fachkräften mit Bildungsangeboten zu erhöhen. Dabei sollen entsprechende Studiengänge und Ausbildungsmöglichkeiten zum Einsatz kommen.[211]

Kategorie 2: Die Befragten prognostizieren, dass künftig immer mehr Fachkräfte verfügbar sein werden. Zwei Interviewpartner gehen von einer Konsolidierung der technischen Dienstleister (z. B. DSP und SSP) aus. Fachkräfte würden frei, wenn Dienstleister durch führende Konkurrenten übernommen

---

[207] Vgl. Anhang VI: Tabelle 6, S. 139.
[208] Vgl. Anhang VI: Tabelle 6, S. 139.
[209] EIV_L: Digitaler Anhang der Interview-Transkripte Datenträger, 37-39.
[210] EIV_T: Digitaler Anhang der Interview-Transkripte, 46-47.
[211] Vgl. Anhang VI: Tabelle 8, S. 142.

würden. Dadurch könne der Bedarf an Fachkräften reduziert und deren Verfügbarkeit erhöht werden.[212] Diese Interpretation deckt sich mit den beiden folgenden Aussagen.

> „Es gibt halt ein paar - gibt mehrere Anbieter jetzt in diesem Markt und das muss sich konsolidieren, in den nächsten fünf Jahren wahrscheinlich. Und dann wird man sehen, auf was arbeitet man. Und dann werden sich auch die Spezialisten raus kristallisieren. Aber es bleibt vielleicht auch erst einmal eine Sonderdisziplin.“[213]

> „Es gibt nach wie vor einen Pool an, zu vielen würde ich sagen, technischen Dienstleistern. Also hier muss eine Konsolidierung stattfinden. Und erst, wenn diese Konsolidierung vollzogen ist, werden sicherlich die Verfügbarkeiten von guten Fachkräften in dem Bereich besser.“[214]

Ein anderer Interviewpartner sieht die Chance zur Erhöhung der Fachkräfte in einer einfacheren Bedienbarkeit von DSP und SSP.

> Denn aufgrund der „Technologieanbieter, die immer mehr automatisieren und Tools verbessern, [...] braucht [man] nicht mehr so viel Wissen und so viel Know-how, um die Dinger zu bedienen. Je mehr die automatisch machen und je besser die bedienbar sind. Ich denke, das sind die zwei Ansatzpunkte: Ausbildung und einfachere Tools.“[215]

Zusammenfassung der empirischen Ergebnisse des Themenblocks A

Zum Großteil wird die Verfügbarkeit von Fachkräften pauschal als „niedrig“ bewertet. Im PA existieren jedoch diverse Arten von Berufsbildern. Aus diesem Grund liegt auch eine unterschiedliche Verfügbarkeit von verschiedenen Spezialisten vor. Zur Reduzierung des Fachkräftemangels soll die vermehrte Schaffung von Ausbildungsmöglichkeiten oder Studiengängen Abhilfe schaffen. Des Weiteren besteht die Chance, dass zunehmend mehr Fachkräfte verfügbar sein werden. Voraussetzungen dafür sind zum einen die Konsolidierung von technischen Dienstleistern und zum anderen eine Vereinfachung der Anwendbarkeit der Plattformen.

---

[212] Vgl. Anhang VI: Tabelle 8, S. 142.
[213] EIV_G: Digitaler Anhang der Interview-Transkripte, Zeile 119-122.
[214] EIV_L: Digitaler Anhang der Interview-Transkripte, Zeile 40-43.
[215] EIV_B: Digitaler Anhang der Interview-Transkripte, Zeile 56-60.

5.2 Themenblock B: Verfügbares Angebot an Programmatic-Video-Inventar

5.2.1 Frage 5: Quantitativ erhobene Daten

Einschätzung des verfügbaren Angebots an PVI

Von 22 Befragten geben 16 Interviewpartner einen „Nachfrageüberschuss" für das PVI an. Drei Befragte sind der Ansicht, dass ein „Gleichgewicht zwischen Angebot und Nachfrage" besteht. Zwei Experten gehen von einem „Angebotsüberschuss" für Video-Inventar im PA aus. Ein Interviewpartner macht „keine Angabe" zu dieser Frage. In Darstellung 9 ist die oben erläuterte Verteilung der ausgewählten Antwortvorgaben der gesamten Stichprobe zu sehen.

Im Folgenden werden lediglich die Antworten für die Cluster Advertiser und Publisher betrachtet, weil Publisher für das Angebot und Advertiser für die Nachfrage an PVI verantwortlich sind.

- Alle vier Interviewpartner aus dem Cluster <u>Publisher</u> bewerten das PVI mit einem „Nachfrageüberschuss".

  ➤ Dieses Ergebnis ist der Darstellung 9 wie folgt zu entnehmen: Aus der Gesamtheit der Befragten, welche die Antwortvorgabe „Nachfrageüberschuss" gewählt haben, stammen vier Experten aus dem Cluster Publisher.

- Innerhalb des Clusters <u>Advertiser</u> herrschen verschiedene Meinungen. Von den gesamten fünf Experten aus dem Cluster Advertiser entscheiden sich zwei Befragte für die Antwortmöglichkeit „Nachfrageüberschuss", weitere zwei Experten für „Gleichgewicht zwischen Angebot und Nachfrage" und ein Interviewpartner für „keine Angabe".

  ➤ Das obige Ergebnis wird in Darstellung 9 verdeutlicht. Von drei Befragten, welche sich für die Antwortvorgabe „Gleichgewicht zwischen Angebot und Nachfrage" entschieden haben, stammen zwei Experten aus dem Cluster Advertiser.

> Von 16 Befragten, welche sich für die Antwortvorgabe „Nachfrageüberschuss" entschieden haben, stammen zwei Experten aus dem Cluster Advertiser.[216]

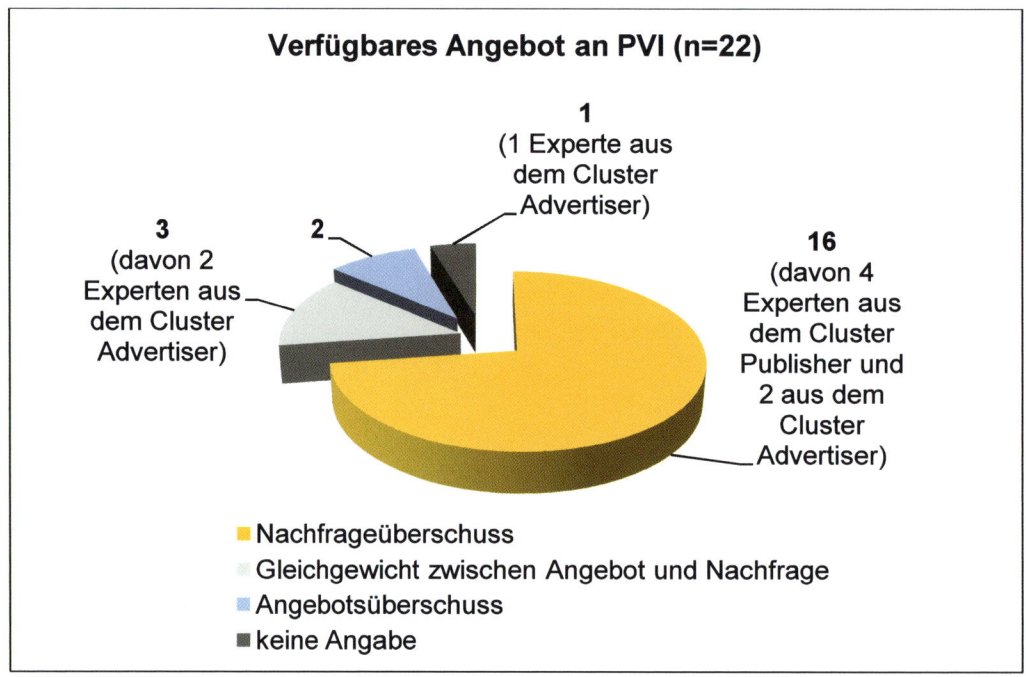

Darstellung 9: Verfügbares Angebot an PVI[217]

Interpretation der obigen Ergebnisse: Mit hoher Wahrscheinlichkeit ist davon auszugehen, dass im gesamten Markt ein „Nachfrageüberschuss" für das PVI herrscht. Die Gegenüberstellung der Antworten der Cluster Publisher und Advertiser lässt auf Folgendes schließen. Unter Umständen nehmen Publisher einen größeren „Nachfrageüberschuss" als Advertiser wahr. Der Grund kann darin liegen, dass Publisher durch Advertiser gezwungen sind, mehr Video-Inventar im PA anzubieten. Diese Bedrängnis kann Publisher ggf. derart unter Druck setzen, dass sie für dieses Thema sensibilisiert sind und deshalb das mangelnde Angebot an PVI als höher einschätzen als Advertiser. Ein aus der Volkswirtschaft bekanntes Prinzip besagt, dass bei mangelndem Angebot die Preise steigen.[218] Daraus kann abgeleitet werden, dass Publisher

---

[216] Vgl. Anhang VI: Tabelle 9, S. 143.
[217] Eigene Darstellung.
[218] Vgl. Pifko, Clarisse/ Reber, Marcel/ Züger, Rita-Maria: Betriebswirtschaftslehre, 2012, S. 32.

eine Möglichkeit zur Steigerung ihrer Produzentenrente sehen und den eTKP für das PVI nicht senken, sondern eher erhöhen könnten.[219] Folglich wären Advertiser nicht bereit diese hohen Preise zu bezahlen, sodass es zu einem Rückgang des Nachfrageüberschusses und somit zu sinkenden eTKPs kommen könnte.

5.2.2 Frage 6: Qualitativ erhobene Daten

Begründung des mangelnden Angebots an PVI

Kategorie 1: Die Interviewpartner erklären, dass für qualitativ hochwertiges PVI das Angebot sehr niedrig sei. Minderwertiges Video-Inventar im PA liege ausreichend vor.[220] Folglich haben Advertiser nur eine begrenzte Möglichkeit im PA für Branding-Kampagnen.

Kategorie 2: PVI werde insbesondere durch große Player angeboten. Beispielsweise erklärt ein Befragter, „dass es einerseits große Player gibt, wie Google mit YouTube, und für eine Weile muss man dann sagen, dann kommt lange nichts."[221] Des Weiteren geben die Experten an, dass die übrigen Publisher ihr Video-Inventar traditionell und nicht im PA anbieten, weil sie hohe TKPs im traditionellen Verkauf realisieren können. Eine andere Begründung für dieses mangelnde Angebot lautet, dass die „Nachfrageseite […] zu wenig für Video-Inventare" im PA zahle.[222]

> In diesem Zusammenhang erklärt ein weiterer Interviewpartner, „dass im Video-Bereich die Preise so hoch sind [..] und die Publisher auch von diesen hohen Preisen nicht runtergehen werden und wollen und auch gar nicht müssen. Dass dann auch Video-Impressions leer bleiben aufgrund dessen, dass einfach da kein Demand zu den hohen Preisen da ist."[223]

Demnach können sowohl Publisher als auch Advertiser für das mangelnde Angebot an PVI verantwortlich sein.

---

[219] Vgl. Pindyck, Robert: Mikroökonomie, 2009, S. 391f.
[220] Vgl. Anhang VI, Tabelle 11, S. 147.
[221] EIV_D: Digitaler Anhang der Interview-Transkripte, Zeile 84-86.
[222] EIV_U: Digitaler Anhang der Interview-Transkripte, Zeile 103-104.
[223] EIV_T: Digitaler Anhang der Interview-Transkripte, Zeile 80-84.

5.2.3 Frage 7: Quantitativ erhobene Daten

Einschätzung des Anstiegs bzw. Abstiegs des aktuell verfügbaren Angebots an PVI in den nächsten zwei Jahren

Von 22 Befragten geben 13 Experten an, dass die aktuell vorhandene Angebotsmenge an PVI in den nächsten zwei Jahren „stark steigen" werde. Sieben Interviewpartner vermuten eine „leichte Steigung". Zwei Befragte differenzieren nicht zwischen einer "leichten oder starken Steigung" und gehen nur von einer „Steigung" des Angebots aus. Keiner der Interviewpartner ist der Ansicht, dass das Angebot an PVI in den nächsten zwei Jahren „stark sinken" oder „leicht sinken" oder auch „gleich bleiben" werde.

Nach einer detaillierteren Betrachtung der Antworten der Cluster Advertiser und Publisher ergibt sich Folgendes: Bezugnehmend auf den obigen Sachverhalt geben drei von vier Interviewpartnern aus dem Cluster Advertiser die Antwort „stark steigen" an. Im gleichen Zusammenhang entscheiden sich drei von vier Befragten aus dem Cluster Publisher für die Antwort „leicht steigen".[224]

Interpretation der obigen Ergebnisse: Ausgehend von der aktuell verfügbaren Angebotsmenge an PVI besteht eine große Wahrscheinlichkeit, dass diese in den nächsten zwei Jahren steigen wird. Der Cluster Advertiser geht von einer höheren Steigung des Angebots an PVI aus als der Cluster Publisher. Womöglich werden sich künftig die Angebots- und die Nachfragemenge angleichen. Dies könnte eine Annährung zum Marktgleichgewicht bedeuten. Folglich würden die eTKPs für das PVI fallen. Denkbar ist, dass Advertiser aus finanziellen Gründen motivierter wären, Video-Inventar programmatisch zu beziehen.

---

[224] Vgl. Anhang VI, Tabelle 12, S. 148.

5.2.4 Frage 8: Qualitativ erhobene Daten

Begründung der mutmaßlichen Steigerung des verfügbaren Angebots an PVI in den nächsten zwei Jahren

Kategorie 1: Die Interviewpartner nehmen an, dass die oben erwähnte Angebotsmenge in den nächsten zwei Jahren steigen werde. Diese Steigerung sei in der Vorliebe der User für Branding-Kampagnen begründet. Gleichermaßen sei ein Trend für Video-Inhalte zu beobachten.[225]

„Es wird mehr Inventar geben, weil mehr Nutzer mehr Video-Angebote konsumieren."[226]

„Stark steigen. Also der gesamte Markt geht in Richtung Programmatic Advertising. Ich gehe mal davon aus, dass wir in zwei/ drei Jahren 80 Prozent des digitalen Inventars programmatisch einkaufen werden."[227]

In diesem Zusammenhang erklärt ein Interviewpartner, dass in Deutschland Video „als absolutes Premium im Inventar gesehen wird. [...] Und Premium, Planbarkeit, Granularität ist auch genau das, was halt auch im deutschen Programmatic Advertising hier zieht."[228]

Ein weiterer Grund, den die befragten Experten für diesen Anstieg des Angebots an PVI sehen, ist die Möglichkeit einer zusätzlichen Einnahmequelle für Publisher. Sie nehmen zudem an, dass Publisher durch die Buy Side gezwungen sein werden, ihr Video-Inventar im PA anzubieten.

Ein Interviewpartner äußert dazu, dass „die großen Mediaagenturen, also die richtig großen, internationalen [...], die verlangen das einfach. Die sagen jetzt: ‚Wir wollen mit einem Trading Desk auf das Inventar zugreifen. Und wenn ihr das nicht könnt, kaufen wir halt woanders ein'."[229]

---

[225] Vgl. Anhang VI: Tabelle 14, S. 152.
[226] EIV_R: Digitaler Anhang der Interview-Transkripte, Zeile 109-110.
[227] EIV_S: Digitaler Anhang der Interview-Transkripte, Zeile 81-83.
[228] EIV_U: Digitaler Anhang der Interview-Transkripte, Zeile 128-134.
[229] EIV_W: Digitaler Anhang der Interview-Transkripte, Zeile 92-96.

Kategorie 2: Manche Interviewpartner erwähnen auch, dass ein Hindernis für den Anstieg des Angebots an PVI bestehe. Dabei gehen sie auf die Thematik ein, dass Publisher ihr Video-Inventar traditionell anbieten und nicht im PA.[230]

> Ein Experte aus dem Cluster Publisher verdeutlicht, dass „dieser Kanal immer klassisch noch sehr, sehr gut verkauft werden kann und dass es da einfach schlicht und ergreifend die Notwendigkeit noch nicht so gibt, programmatisch zu verkaufen."[231]

Zusammenfassung der empirischen Ergebnisse des Themenblocks B

Der Großteil der Interviewpartner geht davon aus, dass momentan ein „Nachfrageüberschuss", vor allem für hochwertiges PVI, bestehe. Sie begründen ihre Annahme damit, dass im Markt des PA nur große Video-Publisher existieren und die restlichen Publisher ihr Video-Inventar aus Kostengründen hauptsächlich traditionell verkaufen. Der Grund für den klassischen Verkauf sei die fehlende Bereitschaft der Advertiser, die keine hohen eTKPs für PVI bezahlen wollen. Ausgehend von der aktuellen Angebotsmenge an PVI werde diese in den nächsten zwei Jahren steigen. Es sei sogar eine Tendenz zu einem starken Anstieg erkennbar. Denn es werden verstärkt Video-Inhalte konsumiert. Dementsprechend sehen Publisher eine weitere Einnahmequelle im Vertrieb von programmatischem Inventar-Inventar. Ein Hindernis für den Anstieg des verfügbaren Angebots an PVI ist dessen traditioneller Verkauf. Dennoch seien Publisher durch die Buy Side immer mehr gezwungen, ihr Video-Inventar programmatisch anzubieten.

---

[230] Vgl. Anhang VI: Tabelle 14, S. 152.
[231] EIV_P: Digitaler Anhang der Interview-Transkripte, Zeile 86-88.

5.3 Themenblock C: Transparenz in der Zusammenarbeit zwischen den unterschiedlichen Marktteilnehmern

5.3.1 Frage 9: Qualitativ erhobene Daten

Einschätzung der Transparenz in der Zusammenarbeit zwischen den unterschiedlichen Marktteilnehmern

Kategorie 1: Die meisten Interviewpartner berichten, dass viele Agenturen in Bezug auf die Kostenstruktur intransparent zum Advertiser seien. Ein Experte aus dem Cluster Advertiser sagt, dass sie nicht wüssten, „wie da die Margen [der Agenturen] sind. Die verstecken, was die sich da einsacken."[232] Für das Verhalten der Agenturen geben einige der Interviewpartner aber eine Begründung. So seien Advertiser kaum bereit, die Agenturen für ihre Dienstleistung angemessen zu entlohnen. Vor diesem Hintergrund sehen deshalb Agenturen eine Möglichkeit in der intransparenten Kostenstruktur, um eine entsprechende Vergütung zu erhalten.[233] Die Stellungnahme eines Experten aus dem Cluster Agentur wird im Folgenden zitiert:

> „Die Problematik kommt aber aus einer ganz anderen Richtung eigentlich, dass keine Transparenz häufig herrscht. Das ist die Bereitschaft des Werbetreibenden, vernünftige Preise zu bezahlen. Also, im Grunde genommen, wenn Dienstleister gut bezahlt werden, dann sind die auch bereit, alle Transparenz in irgendeiner Form zu liefern. Wenn das Honorar, das gefühlt irgendwo beim Dienstleister ankommt, so gering ist, dass er eigentlich eher Verluste mit generiert, dann er überlegt er natürlich, wo kann er Marge machen. Und dann entstehen solche Intransparenzen."[234]

Zudem sind einige Interviewpartner der Meinung, manche Agenturen seien auch gegenüber Publishern intransparent. Es wird häufig kritisiert, dass Agenturen sich namentlich nicht kenntlich machen und auch nicht preisgeben, für welche Advertiser sie dieses Inventar kaufen.[235]

---

[232] EIV_E: Digitaler Anhang der Interview-Transkripte, Zeile 91-92.
[233] Vgl. Anhang VI: Tabelle 16, S. 156.
[234] EIV_G: Digitaler Anhang der Interview-Transkripte, 221-228.
[235] Vgl. Anhang VI: Tabelle 16, S. 156.

„Dann ist da noch die Frage, ob der Name des Advertisers über-
mittelt wird, für den hier jetzt die Werbung gekauft wird. [...]
Wenn jetzt die Agentur für den Advertiser B Werbung schaltet,
wird dann [..] auch wirklich kommuniziert, dass es hier die
Werbung für B ist?"[236]

Kategorie 2: Ein Experte erwähnt die Intransparenz von Publishern
gegenüber Advertisern: „Im Schnitt neigen die Publisher am meisten zu
Blockadehaltung und Intransparenz."[237] Publisher seien zwar in ihrer
Zusammenarbeit zur SSP transparent. Sie wissen aber „nicht unbedingt über
die Funktionsweise ihrer SSP Bescheid [..], also [...] ist da auch eine gewisse
Intransparenz."[238]

Kategorie 3: Der oben erklärte Mangel an Transparenz der SSP wird in dieser
Kategorie ebenso deutlich.[239] Zwei Interviewpartner erläutern, dass zwischen
der DSP und der SSP wenig, aber eine zunehmende Transparenz in der
Kommunikation herrscht.[240,241] Daraus lässt sich ableiten, dass nicht nur die
SSP intransparent gegenüber der DSP ist, sondern wahrscheinlich auch die
DSP gegenüber der SSP.

5.3.2 Frage 10: Quantitativ erhobene Daten

Einschätzung der möglichen Marktteilnehmer, welche die Transparenz in
der Zusammenarbeit mit anderen Marktteilnehmern entweder reduzieren
oder erhöhen wollen

Bei dieser Frage wählen zwei Interviewpartner die Antwortvorgabe „Transparenz beibehalten", die jedoch in der folgenden Darstellung und Erläuterung
nicht berücksichtigt wird. Der Grund dafür ist, dass sie dem Mittelwert der
beiden Aussagen „Transparenz reduzieren" und „Transparenz erhöhen"
entspricht. Im Folgenden werden die Ergebnisse unter Zuhilfenahme der

---

[236] EIV_R: Digitaler Anhang der Interview-Transkripte, Zeile 151-158.
[237] EIV_B: Digitaler Anhang der Interview-Transkripte, Zeile 108-109.
[238] EIV_F: Digitaler Anhang der Interview-Transkripte, Zeile 105-107.
[239] Vgl. Anhang VI: Tabelle 16, S. 156.
[240] Vgl. EIV_F: Digitaler Anhang der Interview-Transkripte, Zeile 108-114.
[241] Vgl. EIV_U: Digitaler Anhang der Interview-Transkripte, Zeile 150-155.

Darstellung 10 erläutert. Mehrfachnennungen sind bei dieser Frage möglich. Sowohl auf der x-Achse („Transparenz reduzieren") als auch auf der y-Achse („Transparenz erhöhen") sind die absoluten Häufigkeiten abgetragen.

Mit einer absoluten Häufigkeit von 16 ist der Großteil der Interviewpartner der Ansicht, dass alle Advertiser diese oben beschriebene Transparenz lediglich erhöhen wollen. Sie nehmen an, dass Agenturen diese Transparenz mit einer absoluten Häufigkeit von 10 erhöhen und mit einer absoluten Häufigkeit von 5 reduzieren wollen. Publisher hätten das Bestreben, die Transparenz sowohl zu erhöhen als auch zu reduzieren aufgrund der jeweils selben absoluten Häufigkeit von 3. Mit der jeweils selben absoluten Häufigkeit von 1 sei die DMP beabsichtigt, die Transparenz in der Zusammenarbeit zwischen den Marktteilnehmern sowohl zu reduzieren als auch zu erhöhen. Die absolute Häufigkeit, dass alle Marktteilnehmer ein Interesse daran haben, die Transparenz zu erhöhen, beträgt 4.[242]

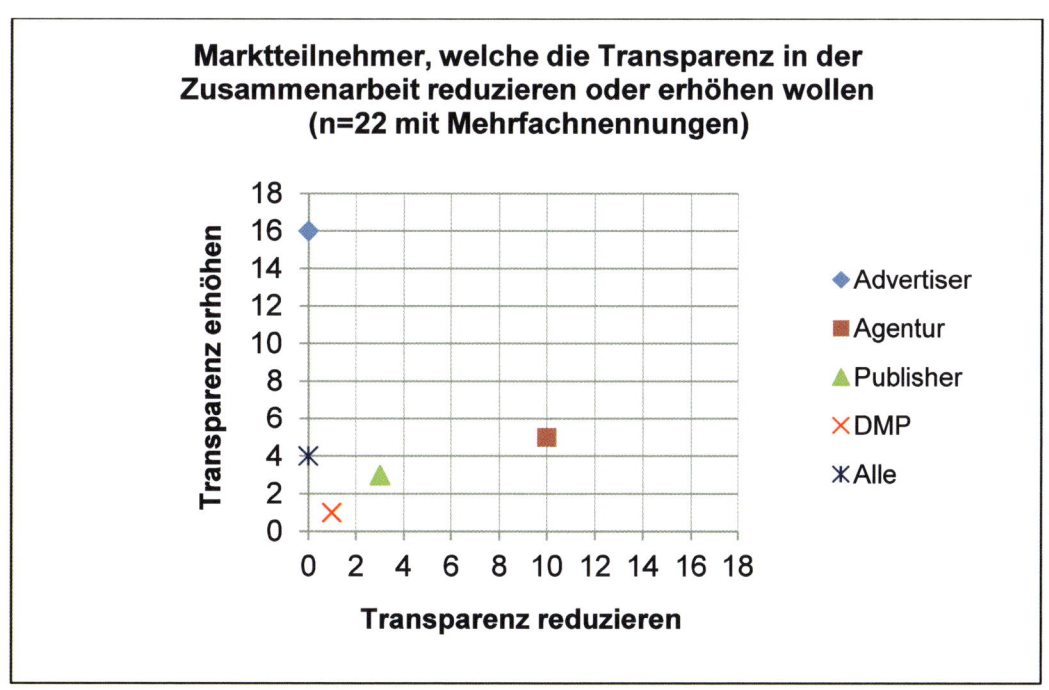

Darstellung 10: Marktteilnehmer, welche die Transparenz in der Zusammenarbeit reduzieren oder erhöhen wollen[243]

---

[242] Vgl. Anhang VI: Tabelle 17 und Tabelle 18, S. 157f.
[243] Eigene Darstellung.

Interpretation der obigen Ergebnisse: Bezugnehmend auf die obige Erkenntnis ergibt sich folgender Zielkonflikt zwischen Agenturen und Advertisern: Auffällig ist, dass vor allem Advertiser auf der einen Seite eine Erhöhung der Transparenz erzielen möchten. Auf der anderen Seite seien jedoch insbesondere Agenturen gewillt, diese Transparenz zu reduzieren. Darüber hinaus gibt es weitere Marktteilnehmer, die mehr oder weniger an transparenten Geschäftsbeziehungen interessiert sind. Generell geht aus Darstellung 10 das Bestreben aller Marktteilnehmer hervor, die Prozesse im gesamten Markt des PA transparenter zu gestalten. Es ist jedoch anzumerken, dass die absolute Häufigkeit dieser Bewertung mit der Anzahl von vier im Gegensatz zu den anderen Aussagen von oben geringer ist. Folglich ist die Vermutung, dass alle Marktteilnehmer mehr Transparenz im PA durchsetzen möchten, nur eingeschränkt valide.

5.3.3 Frage 11: Quantitativ erhobene Daten

Anzahl der Interviewpartner, die den derzeit herrschenden Grad an Transparenz in der Zusammenarbeit zwischen den Marktteilnehmern als eine Herausforderung für die Etablierung des PA bewerten

Von 22 Befragten bewerten 17 Interviewpartner den derzeit herrschenden Grad an Transparenz in der Zusammenarbeit als eine Herausforderung für den gesamten Markt des PA. Für die restlichen fünf Experten stellt diese Transparenz keine herausfordernde Situation dar. Da es sich bei Frage 11 um eine Filterfrage handelt, werden in der nachfolgenden Frage 12 lediglich die Antworten der oben erwähnten 17 Interviewpartner berücksichtigt.[244]

Interpretation der Ergebnisse: Vermutlich bedeutet die bereits beschriebene mangelnde Transparenz eine Herausforderung für die Etablierung des PA, da mehr als die Hälfte der Interviewpartner dieser Ansicht ist.

---

[244] Vgl. Anhang VI: Tabelle 19, S. 158.

Zusätzlich zu den quantitativ erhobenen Daten drückt hingegen ein Experte innerhalb einer anderen offenen Frage sein fehlendes Verständnis dafür aus, dass sich Advertiser zwar über die mangelnde Transparenz beschweren, aber dennoch ins PA investieren:

> „Wir brauchen mehr Transparenz. Wenn wir jetzt keine haben, verstehe ich nicht warum es - Also, wenn es jetzt so irre ist, dass man überhaupt nicht durchblicken kann, warum investiert ihr überhaupt Geld darein? Seid ihr eigentlich normal als Advertiser und alle anderen, die Budget-Verantwortung haben?"[245]

Folglich kann die Herausforderung einer mangelnden Transparenz im PA mit einer geringen Wahrscheinlichkeit entkräftet werden.

5.3.4   Frage 12: Qualitativ erhobene Daten

Ideen für langfristige Chancen zu mehr Transparenz

Kategorie 1: Eine langfristige Chance, um sich der oben beschriebenen Herausforderung zu stellen, sehen die Interviewpartner vor allem im Aufbau von Know-how. Sie sind der Meinung, dass vorrangig Advertiser das unternehmensinterne Wissen erhöhen müssten. Dadurch sollen sie mehr Vertrauen gegenüber anderen Marktteilnehmern aufbauen. Es wird vorgeschlagen, Erfahrungswerte durch vermehrte Kommunikation auszutauschen.[246]

> „Das heißt, durch den Dialog klarzustellen, wer welche Marge generiert und das ist das Misstrauen, das [...] herrscht, dass sich Dienstleister bereichern an den Umsätzen der Kunden."[247]

Im Allgemeinen kann ein Dialog nicht nur zwischen Advertiser und Agentur hilfreich sein, sondern auch zwischen allen Marktteilnehmern.

---

[245] EIV_J: Digitaler Anhang der Interview-Transkripte, Zeile 291-295.
[246] Vgl. Anhang VI: Tabelle 21, S. 161.
[247] EIV_V: Digitaler Anhang der Interview-Transkripte, Zeile 141-144.

Kategorie 2: Eine langfristige Chance für mehr Transparenz sehen zwei Interviewpartner darin, intransparente Geschäftspartner unter wirtschaftlichen Druck zu setzen.[248] Dadurch sollen derartige Marktteilnehmer gezwungen werden, sich mehr zu öffnen.

> Es wird vermutet, dass Unternehmen, „die es per se nicht wollen, bewegen sich nur, wenn es wirtschaftlich notwendig wird."[249]

Zusammenfassung der empirischen Ergebnisse des Themenblocks C

Der Großteil der Interviewpartner ist der Meinung, dass die Marktteilnehmer weniger transparent zusammenarbeiten und dieser Umstand eine Herausforderung für die Etablierung des PA darstelle. Sie sehen insbesondere die Agenturen als intransparenten Geschäftspartner in der Zusammenarbeit mit Advertisern. Dadurch hätten vor allem Advertiser die größten Nachteile. Sie seien daher im höchsten Maße bestrebt, die beschriebene Transparenz zu erhöhen. Nichtsdestotrotz lassen sich Advertiser nicht davon abhalten, am PA teilzunehmen und Geld zu investieren. Die Experten schlagen zwei Chancen vor, um diese mangelnde Transparenz zu erhöhen. Die erste Chance bestehe demnach darin, dass im gesamten Markt, aber vorrangig bei Advertisern, mehr Know-how aufgebaut werde. Ein Dialog zwischen den Marktteilnehmern soll dazu führen, dass sie mehr Verständnis für die Interessen der anderen Marktteilnehmer haben. Die zweite Chance erklären die Befragten wie folgt: Intransparente Marktteilnehmer sollten unter wirtschaftlichen Druck gesetzt werden, damit sie in der Zusammenarbeit zu ihren Geschäftspartnern transparenter werden.

---

[248] Vgl. Anhang VI: Tabelle 21, S. 161.
[249] EIV_B: Digitaler Anhang der Interview-Transkripte, Zeile 145-146.

5.4 Themenblock D: Kosten-Nutzen-Verhältnis (Advertiser, Publisher)

5.4.1 Frage 13: Qualitativ erhobene Daten (Advertiser)

Einschätzung des Kosten-Nutzen-Verhältnisses im PA für den Advertiser in der Vergangenheit, in der Gegenwart und in der Zukunft

Kategorie 1: Viele Interviewpartner, in erster Linie aus dem Cluster Advertiser, sind der Meinung, dass Advertiser von der Teilnahme am PA in allen oben genannten Zeithorizonten profitierten.[250]

> Laut der Meinung eines Experten aus dem Cluster Advertiser „lohnt sich das auf jeden Fall [...], wenn du die richtigen Tools hast und die Leute, die sie bedienen können. Dann ist das im Prinzip unmittelbar profitabel."[251]

> Die Aussage, „es hat sich gelohnt und lohnt sich heute und wird sich hoffentlich auch morgen lohnen", stammt ebenso aus dem Cluster Advertiser.[252]

Die meisten Befragten der gesamten Stichprobe gehen davon aus, dass sich die Teilnahme am PA für den Advertiser zunehmend auszahlen werde:

> „Es wird sich immer mehr lohnen, weil immer mehr Verfügbarkeiten da sind. Wir reden mittlerweile davon, dass TV verfügbar sein wird in Zukunft im Programmatic-Bereich, dass Audio verfügbar sein wird. Das heißt, der Advertiser hat die Möglichkeit, seine Marketingaktivität deutlich besser zu kontrollieren, über alle Kanäle hinweg zu ermessen."[253]

In der Vergangenheit sei PA für den Advertiser weniger einträglich gewesen, „weil er meistens eine Mediaagentur verwendet hat und die Mediaagentur kein ganz so großes Interesse an Programmatic Advertising in der Vergangenheit hatte."[254] Eine ähnliche Meinung vertritt ein anderer Interviewpartner, „weil

---

[250] Vgl. Anhang VI: Tabelle 23, S. 165.

[251] EIV_B: Digitaler Anhang der Interview-Transkripte, Zeile 175-178.

[252] EIV_D: Digitaler Anhang der Interview-Transkripte, Zeile 239-240.

[253] EIV_K: Digitaler Anhang der Interview-Transkripte, Zeile 379-384.

[254] EIV_Q: Digitaler Anhang der Interview-Transkripte, Zeile 160-162.

einfach die Agenturen, die das Ganze ja meistens durchgeführt haben im Auftrag des Advertisers, selbst ihre Erfahrungen sammeln mussten."[255]

Derzeit sei PA zunächst für große und marktführende Advertiser lohnenswert. Das folgende Zitat begründet dies damit, dass erfahrene Advertiser PA inhouse betreiben könnten:

> „Für die kleineren Advertiser oder großen Advertiser, die noch nicht verstanden haben, dass [..] [PA inhouse] funktioniert, die buchen das weiterhin über Agenturen. Für die ist es wahrscheinlich schwierig zu erkennen, wo der Effizienzgewinn ist, weil die Agentur im Zweifel eher mehr dafür verlangt und dementsprechend die Effizienzgewinne dann durch die Gebühren für die Agentur auch wieder aufgefressen werden."[256]

> Ein weiterer Experte erklärt, „dass irgendein kleiner Advertiser, der vielleicht aus einem Zehn-Mann-Unternehmen besteht, kann gar nicht die Investitionsleistung tätigen, um jemanden anzulernen et cetera. Wenn eine Agentur nicht ordentlich arbeitet im Programmatic, dann hat sich das nicht gelohnt für ihn. Das heißt, für ihn wird sich das erst später lohnen. Größere Advertiser, nehmen wir irgendwie größere Advertiser aus den USA, Netflix beispielsweise, die mit einem Inhouse-Team arbeiten, für die lohnt sich das heute schon. Die können im Programmatic viel, viel schneller weltweit skalieren als sie jemals zuvor fähig gewesen wären."[257]

Die meisten Interviewpartner prognostizieren, dass Advertiser von PA künftig mehr profitieren würden. Im Wesentlichen sei ein zunehmendes Know-how der Grund für diese Einschätzung.

> Es „wird sich zukünftig lohnen, je besser und intensiver er das Thema verinnerlicht und professionell auch umsetzt. Also die Gegebenheiten intern in den Griff bekommt, sprich, sein Unternehmen darauf ausrichtet, die richtigen Dienstleister an Bord zu haben. Dann [...] wird sich das lohnen für den Advertiser."[258]

In diesem Zusammenhang sieht ein Experte aus dem Cluster Advertiser die folgenden Ursachen für die obige Prognose:

---

[255] EIV_M: Digitaler Anhang der Interview-Transkripte, Zeile 239-241.
[256] EIV_S: Digitaler Anhang der Interview-Transkripte, Zeile 230-235.
[257] EIV_T: Digitaler Anhang der Interview-Transkripte, Zeile 200-207.
[258] EIV_V: Digitaler Anhang der Interview-Transkripte, Zeile 164-168.

> Die Teilnahme am PA für den Advertiser „wird sich auch in Zukunft noch stärker lohnen, weil [...] immer mehr Daten digital generiert [werden] und man wird immer mehr über seine Zielgruppe und auch die sich verändernde Zielgruppe sammeln können. Und dementsprechend ist diese Investition, die man im Programmatic Advertising einfach tätigt, ist ein Invest in die Zukunft.“[259]

Einige der Befragten erklären auch, dass „die Teilnahme am Programmatic Advertising [..] sich auf jeden Fall künftig lohnen [wird] [...], weil man erst einmal investieren muss.“[260] „Aktuell überwiegen noch die Investitionskosten.“[261]

Kategorie 2: Im Folgenden wird der generelle finanzielle Nutzen für die Teilnahme am PA vorgestellt.[262]

> Advertiser hätten „eigentlich nur Kostenvorteile, weil sie ihre Werbung effizienter, effektiver personenbezogen zum Verbraucher und nach seinen Interessen ausspielen können“.[263]

Ein Experte aus dem Cluster Advertiser bestätigt die obige Annahme:

> „Es ist die Chance [...], dass man mehr Effektivität und Effizienz je nach Bedarf erreichen kann.“[264]

Zusammenfassung der empirischen Ergebnisse des Themenblocks D

Künftig wird sich PA mehr lohnen als heute oder in der Vergangenheit, da das Know-how stetig zunimmt. Dies begründen die Befragten damit, dass in der Vergangenheit wenig Wissen vorhanden gewesen sei. Vor allem hätten Agenturen mangelnde Erfahrungswerte, um Advertiser in Bezug auf PA optimal zu beraten. Zudem sei die Teilnahme am PA für den Advertiser sowohl in der Vergangenheit als auch in der Gegenwart und in der Zukunft profitabel. Im Allgemeinen liegt der Nutzen in der Möglichkeit einer höheren Effizienz und Effektivität der Werbung. Derzeit ist PA vorwiegend für große

---

[259] EIV_C: Digitaler Anhang der Interview-Transkripte, Zeile 209-215.
[260] EIV_U: Digitaler Anhang der Interview-Transkripte, Zeile 289-292.
[261] EIV_O: Digitaler Anhang der Interview-Transkripte, Zeile 204.
[262] Vgl. Anhang VI: Tabelle 23, S. 165.
[263] EIV_W: Digitaler Anhang der Interview-Transkripte, Zeile 202-204.
[264] EIV_D: Digitaler Anhang der Interview-Transkripte, Zeile 228-232.

Advertiser profitabel. Kleinere werbetreibende Unternehmen haben im Gegensatz zu Konzernen nicht das entsprechende Know-how, um PA inhouse zu betreiben.

5.4.2 Frage 14: Qualitativ erhobene Daten (Publisher)

Einschätzung des Kosten-Nutzen-Verhältnisses im PA für den Publisher in der Vergangenheit, in der Gegenwart und in der Zukunft

Kategorie 1: Innerhalb dieser Kategorie wird erklärt, weshalb sich die Teilnahme am PA für einen Publisher in allen oben genannten Zeithorizonten rentiert.[265] Im Mittelpunkt steht ein „verbessertes Yield Management.[266] Das heißt, „dass sie ihr Inventar zu dem bestmöglichen Preispunkt loswerden" können.[267] Außerdem hätten „sie weniger Kosten [...] manueller Aufwendungen im Operations-Bereich [..], [da] dieser Part eigentlich an die Einkäufer übergehen wird".[268] Der Publisher könne darüber hinaus selbst entscheiden, welche Inventarklasse er im OMP oder PMP oder traditionell verkaufen will.

> „Es heißt ja nicht, wenn man programmatisch verkauft, dass man sein gesamtes Inventar in eine Auktion stellen muss."[269]
> Es ist möglich, „das Ganze über Technologie [zu] steuern, dass man Restplatz-Inventar in OpenRTB gibt, dass man andere Sachen über Deals macht. Und das, was man absolut überhaupt nicht über programmatisch verkaufen will, weiter auf IO-Basis verkauft."[270]

Mit IO-Basis (Insertion-Order-Basis) ist der Handel von Inventar im traditionellen Display Advertising gemeint.

Kategorie 2: Je mehr Know-how ein Publisher hat, umso rentabler ist die Teilnahme am PA für ihn. Er müsse sich die Frage stellen: „Wie viel Erfahrung habe ich schon gesammelt? Und wie viel Lehrgeld habe ich bezahlt und wie

---

[265] Vgl. Anhang VI: Tabelle 25, S. 170.
[266] EIV_H: Digitaler Anhang der Interview-Transkripte, Zeile 274.
[267] EIV_A: Digitaler Anhang der Interview-Transkripte, Zeile 197-198.
[268] EIV_Q: Digitaler Anhang der Interview-Transkripte, Zeile 185-187.
[269] EIV_M: Digitaler Anhang der Interview-Transkripte, Zeile 253-254.
[270] EIV_M: Digitaler Anhang der Interview-Transkripte, Zeile 256-259.

schnell bekomme ich sozusagen eine Struktur hin, die mir das verspricht, was ich haben will?"[271]

> Die Bewertung des Kosten-Nutzen-Verhältnisses „ist ein Stück weit von der Größe des Publishers abhängig. Also der Grad zu den Messungen ist ganz klar: Wie viel Umsatz wird mit dem Thema gemacht und was kostet mich diese Ressource? Die Ressourcen sind wahrscheinlich im Moment sehr teuer, weil das Fachkräftepersonal schwer zu bekommen ist am Markt."[272]

Ein Interviewpartner aus dem Cluster Publisher denkt Folgendes:

> „Aktuell hat man noch keine Vorteile. Künftig wird man sie haben, wenn der Markt etablierter ist. Aktuell überwiegen die Investitionskosten, das heißt, es wird sich lohnen, aber erst künftig."[273]

Kategorie 3: Innerhalb dieser Kategorie werden die durch die Interviewpartner erklärten Gründe dafür, warum sich die Teilnahme am PA für einen Publisher nicht lohnt, vorgestellt.[274] Die erste Ursache liege demnach darin, dass sie von Streuverlusten nicht mehr profitieren könnten:

> „Solange die es durchsetzen können, dass sie einfach hohe Preise für unintelligent ausgesteuertes, pauschales Inventar bekommen, lohnt es sich nicht."[275]

Im Folgenden wird ein ähnliches Argument zitiert:

> „Ich denke schon, dass Publisher früher mit einfacheren Mitteln mehr Geld verdient haben. [...] Ich glaube schon, dass es für einen Publisher jetzt anstrengender ist, Geld zu verdienen."[276]

Als zweiter Grund dafür, weshalb sich die Teilnahme am PA für den Publisher nicht lohne, wird die Kannibalisierung des eigenen Geschäfts genannt:

---

[271] EIV_F: Digitaler Anhang der Interview-Transkripte, Zeile 227-230.

[272] EIV_N: Digitaler Anhang der Interview-Transkripte, Zeile 282-286.

[273] EIV_O: Digitaler Anhang der Interview-Transkripte, Zeile 209-211.

[274] Vgl. Anhang VI: Tabelle 25, S. 171.

[275] EIV_B: Digitaler Anhang der Interview-Transkripte, Zeile 196-198.

[276] EIV_E: Digitaler Anhang der Interview-Transkripte, Zeile 152-156.

„Im Moment hat eigentlich der Publisher große Angst, dass er über Programmatic sozusagen zu billig verkauft, seine Werbeplätze ein Stück weit kannibalisiert."[277]

Ein Experte aus dem Cluster Publisher vertritt eine ähnliche Meinung, „weil der Publisher immer noch die Möglichkeit hatte, über seinen klassischen Verkauf höhere TKPs zu erzielen."[278]

Zusammenfassung der empirischen Ergebnisse des Themenblocks E

Die Interviewpartner haben unterschiedliche Meinungen darüber, ob sich die Teilnahme am PA für den Publisher lohne oder nicht. Auf der einen Seite sprechen die nachfolgenden Gründe dafür, dass Publisher am PA teilnehmen. Im Mittelpunkt steht die Ertragssteigerung. Es sollte auch möglich sein, Ressourcen einzusparen, da manche Aufwendungen des Publishers auf die Buy Side umgelegt werden. Zudem kann der Publisher frei entscheiden, welche Inventarklasse er traditionell oder über das PA im OMP oder im PMP anbieten will. Auf der anderen Seite befürchten Publisher eine Kannibalisierung ihres traditionellen Geschäfts, wenn sie am PA teilnehmen.

5.5 Frage 15: Quantitativ erhobene Daten

Einschätzung der Skalierung zuvor ermittelter Herausforderungen aus den Themenblöcken A bis D

Die Interviewpartner bewerten die aus den vorherigen Kapiteln ermittelten Ergebnisse mithilfe einer Intervallskalierung. Auf einer Skala von 1 bis 5 wird der Stellenwert einer jeweiligen potenziellen Herausforderung angegeben. Dabei bedeutet der Wert 1, dass es sich um eine Herausforderung eines „sehr niedrigen" Stellenwerts handelt. Der Wert 2 steht für einen „niedrigen" Stellenwert, gefolgt von Wert 3 als ein „mittelmäßiger" Stellenwert. Eine jeweilige Herausforderung bekommt mit dem Wert 4 einen „hohen" Stellenwert und mit dem Wert 5 einen „sehr hohen" Stellenwert. Wird beispielsweise „Herausforderung x" mit 3,50 und „Herausforderung y" mit 2,90 bewertet, ist aus dem

---

[277] EIV_G: Digitaler Anhang der Interview-Transkripte, Zeile 399-401.
[278] EIV_P: Digitaler Anhang der Interview-Transkripte, Zeile 248-249.

Vergleich beider Werte festzustellen, dass „Herausforderung x" einen größeren Stellenwert hat als „Herausforderung y". Obwohl die Experten mit der Antwortvorgabe „keine Angabe" die Möglichkeit haben, eine oder alle dieser genannten Themenbereiche nicht als eine Herausforderung zu bewerten, entschieden sich nahezu alle Interviewpartner nicht für diese Option.

In Darstellung 11 ist der Mittelwert einer jeweiligen von der gesamten Stichprobe skalierten Herausforderung visualisiert. Der Fachkräftemangel wird mit dem Wert 4,20, der Mangel an Transparenz in der Zusammenarbeit zwischen den Marktteilnehmern mit 3,40 und das mangelnde Angebot an PVI mit 2,80 als eine Herausforderung bewertet. Investitionskosten für Publisher werden mit dem Wert 2,50 und die für Advertiser mit 2,30 als eine Herausforderung bewertet.[279]

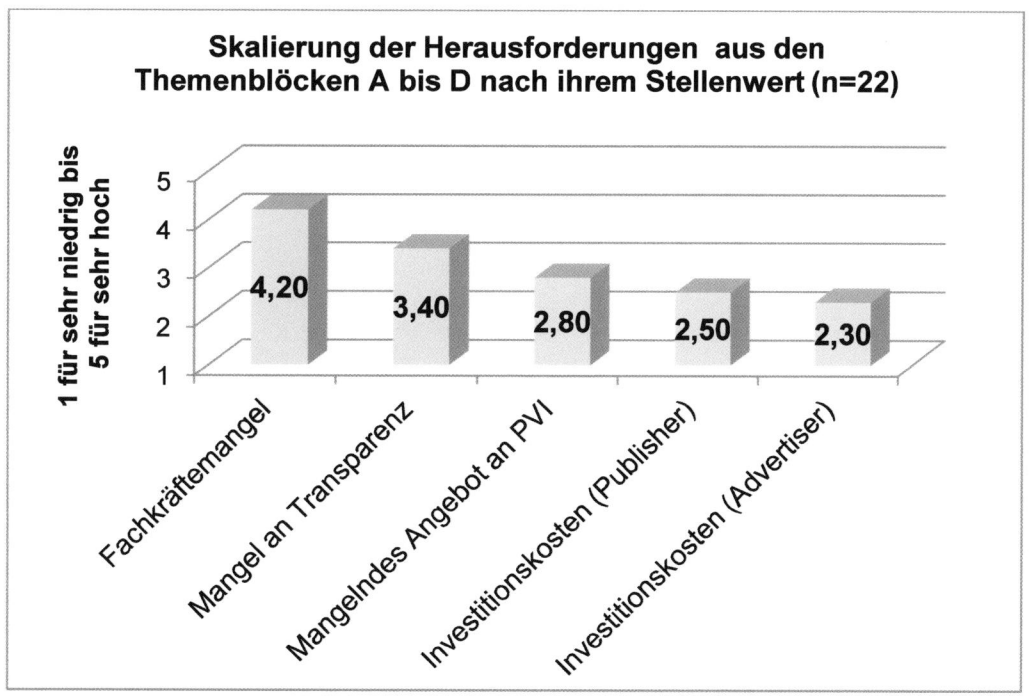

Darstellung 11: Skalierung der Herausforderungen aus den Themenblöcken A bis D nach ihrem Stellenwert[280]

---

[279] Vgl. Anhang VI: Tabelle 26 und Tabelle 27, S. 172.
[280] Eigene Darstellung.

Interpretation: Bezugnehmend auf die oben vorgestellte Einordnung der Herausforderungen auf einer Skala von 1 bis 5, erfolgt die Interpretation der Ergebnisse:

- Der <u>Fachkräftemangel</u> als eine Herausforderung mit einem „sehr hohen" Stellenwert kann wahrscheinlich unter allen aufgezählten Herausforderungen als das größte Risiko im PA beurteilt werden.

- Eine <u>mangelnde Transparenz in der Zusammenarbeit zwischen den unterschiedlichen Marktteilnehmern</u> wird als eine Herausforderung mit einem „mittelmäßigen" bis „hohen" Stellenwert klassifiziert. Folglich kann die intransparente Zusammenarbeit von allen genannten Herausforderungen als das zweitgrößte Risiko verstanden werden.

- <u>Mangelndes Angebot an PVI</u> stellt mit einem „mittelmäßigen" Stellenwert die drittgrößte Herausforderung im PA dar.

- <u>Investitionskosten im PA für Publisher</u> nehmen einen „niedrigen" bis „mittelmäßigen" Stellenwert in Bezug auf eine Herausforderung ein. Sie sind für die Befragten das viertgrößte Risiko im PA.

- <u>Investitionskosten für Advertiser</u> werden unter den zuvor genannten Herausforderungen als die kleinsten Risiken gesehen, da sie mit einem „niedrigen" Stellenwert bewertet werden.

  Der Vergleich des Kosten-Nutzen-Verhältnisses für Advertiser und Publisher zeigt, dass die Teilnahme am PA für Advertiser lohnenswerter ist als für Publisher.

5.6 Frage 1 und Frage 16: Qualitativ erhobene Daten

Die Eisbrecherfrage (Frage 1) und Schlussfrage (Frage 16) zielen darauf ab, dass sich die Befragten ohne Vorgaben durch den Interviewer zu möglichen Herausforderungen und Chancen im deutschen Markt äußern. In Anhang VI erfolgt ihre Auswertung vorerst einzeln.[281] Da sich die Inhalte gleichen, werden die Ergebnisse der Eisbrecher- und Schlussfrage zusammengefasst und im Folgenden beschrieben.[282]

Kategorie 1: „Die Herausforderungen sind vor allem Fachkräftemangel und das Know-how."[283] „Know-how: [...] das ist mit eine der größten Herausforderungen."[284] Ein weiteres Risiko sei die mangelnde Transparenz in der Zusammenarbeit zwischen den unterschiedlichen Marktteilnehmern. Die Chance bestehe darin, dass im Laufe der Zeit beide Mängel behoben werden können.

Kategorie 2: Weitere Chancen liegen „in höheren/ effizienteren Arbeitsprozessen für" alle Marktteilnehmer, sodass sie von finanziellen Vorteilen profitieren können.[285] Insbesondere bestehe für Advertiser die Chance, durch „zielgerichtete Werbung" Streuverluste zu reduzieren.[286]

Kategorie 3: Eine Herausforderung im PA sei auch das grundsätzliche Fehlen von Standards, die sich auf vier Bereiche beziehen.

> „Ein großes Thema ist sicherlich die Datennutzung [...], die Qualitätssicherung oder Standardisierung von Third-Party-Daten."[287]

---

[281] Vgl. Anhang VI: Tabelle 1, S. 133f. und Tabelle 29, S. 176.

[282] Vgl. Anhang VI: Tabelle 30, S. 177.

[283] EIV_F: Digitaler Anhang der Interview-Transkripte, Zeile 17-18.

[284] EIV_H: Digitaler Anhang der Interview-Transkripte, Zeile 24-28.

[285] EIV_F: Digitaler Anhang der Interview-Transkripte, Zeile 15-16.

[286] EIV_E: Digitaler Anhang der Interview-Transkripte, Zeile 15.

[287] EIV_J: Digitaler Anhang der Interview-Transkripte, Zeile 456-458.

Die nicht standardisierte Leistungsfähigkeit der Plattformen wird ebenfalls kritisiert. In Bezug auf die DSPs sei die „Technologieauswahl" erschwert.[288] Zu dieser Thematik wird im Rahmen einer anderen Frage folgende Information von einem Experten aus dem Cluster SSP gegeben:

> „Manchmal steht dann da der Name Agentur so und so. Manchmal steht da nur 1, 2, 3. […] Da sind verschiedene Technologien in der Lage, die einen können den Namen übermitteln und die anderen tun es nicht."[289]

Des Weiteren bemängelt ein Interviewpartner das Fehlen von Standards im Einkaufsprozess. Dafür seien neue Geschäftsmodelle notwendig.

> Ein Beispiel dafür sei die Uneinigkeit darüber, „ob Programmatic jetzt im Trading Desk verhandelt werden sollte oder im zentralisierten Einkauf von einer Agentur" oder inhouse durch Advertiser.[290]

Sowohl eine falsche als auch eine ungeeignete Verwendung der Fachbegriffe könnte eine Herausforderung darstellen.

> Eine „uneinheitliche Sprache im Markt" wird ebenfalls als ein fehlender Standard betrachtet.[291]

Diese Unkenntnis kann vor allem Unternehmen mit einem geringen Know-how verunsichern, am PA teilzunehmen.

Kategorie 4: Eine Chance liege darin, dass „nahezu alles an Standardformaten und Video" im PA gehandelt würde.[292] Das bedeutet, „perspektivisch können wir weitestgehend alle Formate im programmatischen Weg abbilden."[293] Damit ist der Handel von Video-Inventar sowie von Inventar für Mobile in der Gegenwart gemeint. Künftig breite sich der automatisierte Ein- und Verkauf auch auf Inventar für TV oder Out-of-Home aus. Dieser steigende

---

[288] EIV_A: Digitaler Anhang der Interview-Transkripte, Zeile 251.
[289] EIV_R: Digitaler Anhang der Interview-Transkripte, Zeile 143-150.
[290] EIV_T: Digitaler Anhang der Interview-Transkripte, Zeile 289-291.
[291] EIV_F: Digitaler Anhang der Interview-Transkripte, Zeile 272-273.
[292] EIV_N: Digitaler Anhang der Interview-Transkripte, Zeile 138-139.
[293] EIV_T: Digitaler Anhang der Interview-Transkripte, Zeile 19-20.

Ausbau neuer Formate ist ein Indiz für die Marktentwicklung des PA und kann es künftig weiter vorantreiben.

Kategorie 5: Die zunehmende Etablierung des Geschäftsmodells PMP wird von einem Interviewpartner als eine Chance für den Markt des PA gesehen:

> „In Deutschland möchte man [...] absolute Transparenz, Granularität und Planbarkeit haben. Was bedeutet, dass man Konzepte, wie ein Privat-Market-Platz in Deutschland, im deutschen Markt noch weiter differenziert anbietet als zum Beispiel in anderen Ländern. Das ist eine große Chance."[294]

Kategorie 6: Auf der einen Seite sei die Herausforderung einer gewissen Skepsis gegenüber PA, denn es „besteht wirklich die Herausforderung, dass man Marken und Marketers davon überzeugen muss, dass das einen unglaublichen Mehrwert hat."[295] Auf der anderen Seite bestehe die entsprechende Chance, durch Aufklärung, Dialog und Know-how dieses Misstrauen zu entkräften. Ausschlaggebend sei „die Beziehung in einem Markt wie Deutschland [...], wo Player sich wirklich dafür öffnen müssen, um in diesem Bereich weiterzukommen."[296]

---

[294] EIV_U: Digitaler Anhang der Interview-Transkripte, Zeile 27-31.
[295] EIV_C: Digitaler Anhang der Interview-Transkripte, Zeile 27-29.
[296] EIV_K: Digitaler Anhang der Interview-Transkripte, Zeile 479-481.

6 Implikation und kritische Würdigung

In diesem Kapitel erfolgt innerhalb eines jeden Themenblocks die Implikation der in Kapitel 3 getroffenen Annahmen. Diese Annahmen werden durch die empirischen Ergebnisse aus dem vorherigen Kapitel geprüft. Zudem wird auch eine kritische Würdigung der Untersuchung vorgenommen.

In Bezug auf die Implikation wird bspw. der im Themenblock A ermittelte Fachkräftemangel, der sowohl in der Kontrollfrage als auch in der Eisbrecher- und Schlussfrage als eine Herausforderung angegeben wurde, aufgegriffen. Alle Ergebnisse aus diesen drei unterschiedlichen Fragen werden zur Prüfung einer jeweiligen Annahme innerhalb eines Themenbocks herangezogen.

Im Rahmen der kritischen Würdigung werden die Stärken und Schwächen eines jeden Themenblocks diskutiert. Zum Großteil findet dabei das Gütekriterium Reliabilität, welche die Zuverlässigkeit einer Untersuchung prüft, Anwendung. Als zuverlässig gilt es, wenn eine parallele Durchführung der Messung unter gleichen Randbedingungen zum gleichen Ergebnis führt.[297]

Anschließend (siehe Kap. 6.5) werden alle Erkenntnisse zusammengefasst. Dabei werden auch die zusätzlich gewonnenen Informationen zu den Herausforderungen und Chancen aufgeführt, die aus der Eisbrecher- und Schlussfrage resultieren, aber keine Schnittmenge mit den Ergebnissen aus den Themenblöcken A bis D bilden. Zum Schluss wird die gesamte Untersuchung unter Zuhilfenahme zweier weiterer Gütekriterien kritisch gewürdigt.

---

[297] Vgl. Gehring, Uwe W./ Weins, Cornelia: Grundkurs Statistik, 2009, S. 61f.

6.1 Verfügbarkeit von Fachkräften

6.1.1 Implikation der Annahme 1

Annahme 1: _„Eine Herausforderung ist der Fachkräftemangel."_

Die Prüfung der Annahme 1 anhand der empirischen Ergebnisse aus dem vorherigen Kapitel lässt auf folgende Gemeinsamkeiten schließen: Aus Themenblock A geht ein Fachkräftemangel hervor, der sowohl in der Kontrollfrage als auch innerhalb der Eisbrecher- und Schlussfrage als eine Herausforderung bewertet wird. Dabei handelt es sich mit großer Wahrscheinlichkeit um ein Hemmnis für die Etablierung des PA, weil die Nachfrage nach qualifizierten Arbeitskräften das Angebot übersteigt. Viele Marktteilnehmer können deshalb ihre vakanten Positionen nicht oder kaum besetzen. Daher wird wenig Geld ins PA investiert. Die Innovationsfähigkeit des PA leidet darunter, wenn Forschungs- und Entwicklungsarbeit nicht ausreichend betrieben wird. Das Risiko des Fachkräftemangels kann in einem Teufelskreis münden. Setzt sich PA nicht ausreichend durch, existiert in der Folge wenig Know-how im Markt, wodurch der Fachkräftemangel begünstigt wird. Des Weiteren lässt sich der Fachkräftemangel durch die Kontrollfrage, im Vergleich zu den anderen aufgezählten Hindernissen, sogar als die Herausforderung mit dem höchsten Stellenwert ableiten. Folglich kann Annahme 1 nicht nur bestätigt werden, sondern der Fachkräftemangel wird darüber hinaus als eine der größten Herausforderungen gesehen.

6.1.2 Kritische Würdigung

Ein positiver Aspekt des Themenblocks ist die mögliche Reliabilität der Untersuchung. Dieses Gütekriterium ist gegeben, weil eine parallele Durchführung der Messung zum gleichen Ergebnis führt. Wie bereits erwähnt, gehen aus Themenblock A, der Kontrollfrage und der Eisbrecher- und Schlussfrage die Herausforderung des Fachkräftemangels hervor. Ein weiterer Vorteil ist die Gewinnung zusätzlicher Informationen. Es werden Chancen zur Erhöhung der Verfügbarkeit von Fachkräften ermittelt, welche der zugrundeliegenden Literatur nicht zu entnehmen sind. Ein negativer Aspekt ist hingegen, dass die Prüfung der Verfügbarkeit von Fachkräften nicht detailliert für unterschiedliche Fachbereiche erfolgte. Einige Interviewpartner argumentieren, dass zwischen technischen und kaufmännischen Mitarbeitern unterschieden werden müsse.

Denn für unterschiedliche Ausrichtungen der Fachkräfte sind die Verfügbarkeiten ebenso unterschiedlich ausgeprägt. Insofern ist das obige Ergebnis lediglich eine oberflächliche und nivellierte Bewertung des Personalbestandes im PA. Bei einer nächsten Untersuchung empfiehlt es sich, für verschiedene Ausrichtungen der Fachkräfte im PA nach der jeweils konkreten Verfügbarkeit zu erfragen.

6.2 Verfügbares Angebot an Programmatic-Video-Inventar

6.2.1 Implikation der Annahme 2 und der Annahme 3

Annahme 2: *„Eine Herausforderung ist das mangelnde Angebot an PVI."*

Der Vergleich der Annahme 2 mit den empirischen Ergebnissen aus dem vorherigen Kapitel ergibt die nachfolgenden Gemeinsamkeiten. Im Themenblock B geben die meisten Interviewpartner ein mangelndes Angebot an PVI an. Diesen Mangel beurteilen sie in der Kontrollfrage (siehe Kap. 5.5) als eine Herausforderung mittleren Stellenwertes. Aus den folgenden Gründen kann dieser Umstand eine Herausforderung für den gesamten Markt des PA darstellen: Durch die Knappheit an PVI haben Advertiser nur sehr begrenzte Möglichkeiten für Video Advertising im PA. Nach dem Prinzip des Marktgleichgewichtes steigen auch die eTKPs für PVI mit zunehmendem Nachfrageüberschuss.[298] Darüber hinaus berichten die Befragten von hohen eTKPs für Video-Inventar im PA. Sofern das Angebot den Advertisern aber die Möglichkeit eröffnet, Video-Inventar kaufen zu können, müssen sie im Umkehrschluss sehr hohe Preise dafür zahlen. Folglich würde sich Video-Werbung im PA für Advertiser weniger lohnen, wenn die Kosten höher wären als die Einnahmen. Aus monetären Gründen kaufen Advertiser womöglich kein hochpreisiges PVI, sodass in das PA weniger investiert wird. Folglich kann ein mangelnder Bestand an PVI eine Marktstagnation für den gesamten Markt des PA bedeuten.

---

[298] Vgl. Siebert, Horst/ Lorz, Oliver: Einführung in die Volkswirtschaftslehre, 2007, S. 97f.

Entgegen der obigen Interpretation ist jedoch auch denkbar, dass nach dem Prinzip des Marktgleichgewichtes die Preise für das PVI fallen. Wenn Advertiser nicht mehr bereit wären, hohe Preise dafür zu zahlen, würde die Nachfrage sinken und das Angebot steigen. Ein steigendes Angebot lässt die Preise sinken.[299] Dieser Fall ist jedoch eher unwahrscheinlich. Denn aus den empirischen Ergebnissen geht hervor, dass Publisher ihr Inventar gar nicht im PA anbieten möchten. Wie bereits im Zusammenhang mit der Kannibalisierung des traditionellen Geschäfts erwähnt, befürchten Publisher, dass sie im PA geringere Preise für dasselbe Video-Inventar erzielen als im klassischen Verkauf. Infolgedessen würden Publisher wahrscheinlich die Preise des PVI nicht senken. Demnach wären auch Advertiser nicht bereit, hohe eTKPs dafür zu bezahlen. Schließlich wird dieses oben erklärte mangelnde Angebot weiterhin als eine Herausforderung beurteilt. Aus diesem Grund kann mit hoher Wahrscheinlichkeit Annahme 2 bestätigt werden.

<u>Zusätzliche Erkenntnisse aus der empirischen Untersuchung</u>

Sowohl die empirischen als auch die theoretischen Ergebnisse besagen, dass Publisher für das mangelnde Angebot an PVI verantwortlich sind. Denn sie verkaufen Video-Inventar nicht im PA, sondern bevorzugt traditionell, um höhere Preise zu erzielen (siehe Kap. 3.2.1). Einige der Befragten begründen den durch Publisher veranlassten traditionellen Handel des Video-Inventars damit, dass Advertiser nicht bereit seien, hohe eTKPs zu entrichten. Auch kann die Ursache des mangelnden Angebots an PVI in den eigenen Interessen sowohl der Publisher als auch der Advertiser liegen. Dies geht aus den empirischen Ergebnissen, jedoch nicht aus der Literatur hervor.

<u>Annahme 3</u>: „Eine Chance ist das künftig zunehmende Angebot an PVI.“

Die Überprüfung der Annahme 3 anhand der empirischen Ergebnisse lässt lediglich eine eingeschränkte Gemeinsamkeit erkennen. Zunächst wird eine mögliche Schnittmenge zwischen Annahme 3 und dem empirischen Ergebnis erklärt. Die meisten Interviewpartner erwarten ein zunehmendes Angebot des

---

[299] Vgl. Bofinger, Peter/ Mayer, Eric: Grundzüge der Volkswirtschaftslehre, 2011, S. 132f.

PVI in den nächsten zwei Jahren. Vermutlich werde sogar ein starker Anstieg zu beobachten sein. In der obigen Annahme wird diese Prognose zwar nicht für die „nächsten zwei Jahre" angegeben, sondern für die Zukunft durch das Wort „künftig". Dennoch kann von einer Gemeinsamkeit der Annahme 3 und dem empirischen Ergebnis ausgegangen werden. Unter der zu erwartenden Marktentwicklung „in den nächsten zwei Jahren" kann auch „künftig" verstanden werden. Im Falle einer zunehmenden Verfügbarkeit von Video-Inventar in den nächsten zwei Jahren erhöht sich folglich auch die Angebotsmenge. Annahme 3 und das empirische Ergebnis sind also vermutlich deckungsgleich.

Es kann allerdings nicht zwangsläufig davon ausgegangen werden, dass ein Anstieg in den nächsten zwei Jahren auch darüber hinaus Bestand haben wird. Hier ist anzumerken, dass unter dem Wort „künftig" in Annahme 3 eine unbestimmte Zeit in der Zukunft gemeint ist. Im Gegensatz dazu sind die in den empirischen Ergebnissen genannten „zwei Jahre" begrenzt und erlauben lediglich eine Prognose für eine festgelegte Zeitspanne. Die unklare Angabe des Zeitraums verhindert somit, dass sich die beiden Ergebnisse decken. Es besteht die Möglichkeit, dass das Angebot an PVI zwar in den nächsten zwei Jahren zunächst steigt, danach aber auf gleichem Niveau bleibt oder sogar sinkt. Zusammenfassend ist das empirische Ergebnis nur bedingt ein aussagekräftiger Beweis für die Bestätigung der obigen Annahme 3, sodass dieser nur eingeschränkt zugestimmt wird.

6.2.2 Kritische Würdigung

Die Untersuchung dieses Themenblocks ist zwar gelungen, jedoch ist sie mit einigen Mängeln behaftet. Positiv ist anzumerken, dass ein Ergebnis hinsichtlich der verfügbaren Angebotsmenge des PVI und ein Anstieg derselben in den nächsten zwei Jahren zu erwarten ist. Bei beiden Fragen besteht keine starke Streuung auf eine hohe Anzahl von Antwortvorgaben. Die Konzentration der Aussagen auf wenige Antwortvorgaben ist ein Indiz für eine hohe Validität der Ergebnisse. Als weniger erfolgreich ist die nicht eindeutige Implikation der Annahme 3 zu nennen. Die bereits erwähnte Schwierigkeit liegt in den unterschiedlich gewählten Zeitangaben der Annahme 3 und dem empirischen Ergebnis. Die Ursache ist in der Optimierung des Fragebogens begründet. Wie bereits erläutert (siehe Kap. 4.1.2), wurde in Annahme 3 vor den Pretests entsprechend nach einem künftigen Anstieg des Angebots an PVI gefragt. Laut einem aus den Pretests abgeleiteten Optimierungsbedarf wurde der Zeitraum für die Prognose auf die nächsten zwei Jahre festgelegt.

Ein weiterer Mangel der Untersuchung dieses Themenblocks ist die zu detaillierte Abstufung der Antwortvorgaben. Beispielsweise wurde nach einem „kleinen" oder „großen" Nachfrageüberschuss gefragt. Ein anderes Beispiel ist die Bewertung des „starken" oder „leichten" Anstiegs des Angebots an Video-Inventar im PA. Manche Interviewpartner konnten sich aber nur für „Nachfrageüberschuss" bzw. „Angebot wird steigen" entscheiden. Ein Verbesserungsvorschlag ist die Vorgabe von wenigen, aber wesentlichen Antwortmöglichkeiten, um ggf. die Motivation eines Interviewpartners zur ausführlichen Beantwortung der weiterführenden Fragen aufrechtzuerhalten.

6.3 Transparenz in der Zusammenarbeit zwischen den unterschiedlichen Marktteilnehmern

6.3.1 Implikation der Annahme 4 und der Annahme 5

Annahme 4: *„Eine Herausforderung ist die mangelnde Transparenz in der Zusammenarbeit zwischen den unterschiedlichen Marktteilnehmern."*

Der Vergleich der Annahme 4 mit den empirischen Ergebnissen des vorherigen Kapitels deutet auf eine Gemeinsamkeit hin. Aus den Literaturrecherchen wird eine mangelnde Transparenz in der Zusammenarbeit zwischen verschiedenen Marktteilnehmern als eine Herausforderung ermittelt. Im Themenblock C sowie in der Kontrollfrage gaben die meisten Interviewpartner an, dass diese mangelnde Transparenz eine Herausforderung für das PA bedeute. Das gleiche Ergebnis resultiert zudem aus der Eisbrecher- und Schlussfrage innerhalb der Kategorie 1. Im Folgenden wird dargelegt, aus welchem Grund eine intransparente Zusammenarbeit die Etablierung des PA hemmen könnte. Aufgrund der Automatisierung im PA haben die Marktteilnehmer weniger Kontrolle als im traditionellen Display Advertising. Durch den Kontrollverlust entwickeln sie womöglich eine gewisse Skepsis gegenüber PA. Sind die Geschäftsbeziehungen zudem noch intransparent, erhöht sich das Misstrauen in Bezug auf PA. Derartige Vorbehalte können dazu führen, dass entweder eine finanzielle Ausbeutung oder die Gefährdung des Brand Safety befürchtet wird. Aufgrund dieses Misstrauens, vorwiegend bedingt durch die intransparenten Prozesse, würden wahrscheinlich immer weniger Unternehmen am PA teilnehmen. Eine mögliche Auswirkung ist die Marktstagnation des PA. Aus diesem Grund stellt die mangelnde Transparenz in der Zusammenarbeit zwischen den Marktteilnehmern wahrscheinlich eine Herausforderung für den gesamten Markt des PA dar.

In der Kontrollfrage wird dies, im Vergleich zu den anderen aufgezählten Risiken, als zweitgrößte Herausforderung eingeschätzt. Zusammenfassend ist davon auszugehen, dass Annahme 4 bestätigt wird. Mit einer sehr kleinen Wahrscheinlichkeit besteht jedoch die Möglichkeit, dass Annahme 4 entkräftet wird. Der Grund ist das bereits erwähnte Unverständnis eines der Interviewpartners darüber, dass auf der einen Seite zwar diese Herausforderung besteht, auf der anderen Seite jedoch ins PA investiert wird. Diese Aussage stammt jedoch lediglich von einem Experten, sodass sie eine sehr geringfügige Gültigkeit hat. Infolgedessen wird Annahme 4 weiterhin bekräftigt, jedoch mit einer Ergänzung. Vermutlich ist der beschriebene Mangel an Transparenz zwar eine große, aber nicht die größte Herausforderung.

<u>Zusätzliche Erkenntnisse aus den empirischen Ergebnissen</u>

Der Vergleich der empirischen mit den theoretischen Ergebnissen weist auf einige Unterschiede hin. Aus der Tabelle der zusammengefassten theoretischen Ergebnisse (siehe Kap. 3.3) geht hervor, dass für viele Marktteilnehmer eine mangelnde Transparenz in unterschiedlichen Bereichen eine Herausforderung bedeutet. Dabei seien gleichermaßen Publisher wie auch DSPs, SSPs und Agenturen in der Zusammenarbeit zu anderen Marktteilnehmern intransparent. Aus der Literatur wird aber nicht deutlich, welcher Marktteilnehmer zu welchem Anteil für die mangelnde Transparenz verantwortlich ist. Die empirischen Ergebnisse erlauben jedoch das Ableiten ebendieser fehlenden Information. Agenturen seien vorwiegend für diese Herausforderung verantwortlich, da sie gegenüber Advertisern eine intransparente Kostenstruktur haben. Die kombinierte Betrachtung der empirischen und theoretischen Ergebnisse lässt folgende Interpretation zu: Es kann davon ausgegangen werden, dass Agenturen den größten Beitrag für diese mangelnde Transparenz leisten. Dennoch sind die verbleibenden Marktteilnehmer ebenso für den beschriebenen Mangel an Transparenz verantwortlich.

Annahme 5: „Eine langfristige Chance für mehr Transparenz im gesamten Markt ist die Verdrängung intransparenter Marktteilnehmer."

Aus den empirischen Ergebnissen lassen sich zwei Chancen ableiten, die der in Annahme 4 erklärten Herausforderung gegenübergestellt werden. Zunächst werden diese beiden Chancen diskutiert und mit Annahme 5 verglichen. Anschließend erfolgt die Implikation dieser Annahme.

Erste ermittelte Chance aus dem empirischen Ergebnis des Themenblocks C

Die erste Chance ist die Steigerung von Know-how im PA bei allen Marktteilnehmern im gesamten Markt, hauptsächlich bei den Advertisern. Daher wird zunächst beleuchtet, ob ein **erhöhtes Know-how bei allen Marktteilnehmern** im gesamten Markt eine Chance verspricht. Es besteht die Wahrscheinlichkeit einer positiven Korrelation zwischen einer transparenten Zusammenarbeit und einem steigenden Know-how. Durch einen zunehmenden Wissensaufbau können die Marktteilnehmer ein besseres Verständnis für die gesamten Prozesse im PA entwickeln. Ihre Skepsis gegenüber PA kann abgebaut werden. Wie aus den theoretischen Ergebnissen hervorgeht, befürchten vor allem Advertiser und Publisher in erster Linie einen finanziellen Schaden. Häufig wird ein Kontrollverlust, zum Teil bedingt durch die Automatisierung, als eine Ursache für diese Zweifel erwähnt. Publisher haben Angst vor der Kannibalisierung ihres traditionellen Geschäftes und vor der Gefährdung ihrer Brand Safety, wenn markenschädigende Werbemittel des Advertisers auf der eigenen Webseite platziert werden. Advertiser nehmen an, dass Agenturen sie durch die intransparente Kostenstruktur ausbeuten wollen. Sie sehen außerdem das Risiko, dass ihre Werbemittel auf unerwünschten Werbeflächen ausgestrahlt werden mit der Folge von Streuverlusten sowie der Bedrohung ihrer Brand Safety. Sowohl DSPs als auch SSPs stehen in der Kritik, da sie ihre Leistungsfähigkeit nicht offen kommunizieren. Die Vermutung liegt nahe, dass diese oben beschriebenen Sorgen durch die beiden folgenden Fälle entstehen. Der erste Fall ist, dass manche Marktteilnehmer zwar durch andere nicht ausgenutzt werden, aber dennoch die Gefahr sehen, dass dies passieren könnte. Möglich ist, dass sie in der Zusammenarbeit mit anderen wenig Transparenz hinsichtlich ihrer Prozesse zeigen, um sich vor einem finanziellen Schaden oder weiteren Risiken zu schützen. Der zweite Fall ist die tatsächliche Existenz intransparenter Marktteilnehmer, die sich durch Ausbeutung anderer einen monetären Vorteil verschaffen wollen. In beiden Fällen kann aber die oben erwähnte Chance, nämlich der Aufbau von Know-how, die Marktteilnehmer von der Sinnhaftigkeit einer transparenten Zusammenarbeit überzeugen. Bezugnehmend auf den ersten Fall kann ein besseres Verständnis die zum Teil unbegründete Angst der Marktteilnehmer im PA entkräften. Wahrscheinlich würden sie sich anderen Geschäftspartnern in höherem Maße öffnen. Im zweiten Fall kann ein fundiertes Wissen sie dazu befähigen, Ausbeutung zu erkennen und zu vermeiden. Dieses Wissen kann auch intransparente Marktteilnehmer zu der Einsicht führen, dass sie mit ihrer Strategie ihr Image und demnach ihre Daseinsberechtigung langfristig verlieren könnten.

Entgegen der obigen Erläuterungen und somit der empirischen Ergebnisse besteht die Wahrscheinlichkeit, dass keine Korrelation zwischen einem zunehmenden Know-how und einer transparenten Zusammenarbeit im PA besteht. Vermutlich würden einige Marktteilnehmer ihren Wissensvorsprung im PA nur für eigene Zwecke nutzen. Vielfältige Erfahrungswerte können ihnen einen Vorsprung geben, um ihre Prozesse noch intransparenter für andere Marktteilnehmer zu gestalten. Es ist bspw. denkbar, dass ein erfahrener Publisher einem Advertiser sein intransparentes Restplatz-Inventar als Premium-Inventar anbietet. Folglich könnte der Publisher sich einen Preisvorteil verschaffen und damit einem unerfahrenen Advertiser finanziell schaden. Zusammenfassend kann zwar steigendes Know-how bei allen Marktteilnehmern zu mehr Transparenz führen. Es besteht dennoch eine kleine Wahrscheinlichkeit, dass einige Marktteilnehmer dieses Wissen ausschließlich für die eigenen Vorteile nutzen und ihre Prozesse daher teilweise absichtlich intransparent gestalten.

Im nächsten Schritt stellt sich die Frage, inwieweit eine positive Korrelation zwischen einem steigenden **Know-how, speziell bei den Advertisern,** und einer zunehmenden Transparenz besteht. Laut der weiterführenden Interpretation im Rahmen von Annahme 4 weisen Agenturen unter allen Marktteilnehmern die höchste Intransparenz auf, insbesondere gegenüber Advertisern. In diesem Zusammenhang sehen die Interviewpartner eine Chance darin, dass insbesondere Advertiser mehr internes Know-how aufbauen. Dadurch könnten sie PA inhouse und somit ohne eine Agentur betreiben. Dieser Gedanke geht ebenso aus den Literaturrecherchen hervor (siehe Kap. 3.1.3), wobei hier sogar die Daseinsberechtigung der Agenturen durch das zunehmende Know-how der Advertiser in Frage gestellt wird.

Demnach kann Annahme 5 nicht bestätigt werden. Sie ist lediglich ein Resultat aus der oben beschriebenen Chance, dass mehr Know-how im gesamten Markt eine Verdrängung der intransparenten Marktteilnehmer zur Folge hat.

<u>Zweite ermittelte Chance aus dem empirischen Ergebnis des Themenblocks C</u>

Die zweite ermittelte Chance für eine erhöhte Transparenz in der Zusammenarbeit zwischen den Marktteilnehmern wird im Folgenden diskutiert. Es ist anzunehmen, dass einige bislang intransparent agierende Marktteilnehmer sich in höherem Maße öffnen, wenn sie unter wirtschaftlichen Druck gesetzt werden. Wenn Advertiser nicht die intransparenten, sondern die wenigen transparenten Agenturen beauftragen, würden undurchsichtige Agenturen unter wirtschaftlichen Druck gesetzt werden. Wahrscheinlich würde dies zu Umsatzeinbußen oder sogar zu einem Wettbewerbsverlust oder einer Marktverdrängung der intransparenten Agenturen führen. Auf diese Weise könnte von intransparenten Marktteilnehmern mehr Transparenz verlangt werden. Ähnliche Ansätze sind in den theoretischen Ergebnissen aus der zusammengestellten Tabelle (siehe Kap. 3.3) zu finden. Wie bereits erwähnt, geht aus den Literaturrecherchen ein möglicher künftiger Verlust der Wettbewerbsfähigkeit undurchsichtiger Agenturen hervor. Aus der Theorie lässt sich eine Übernahme intransparenter DSPs durch transparente DSPs ableiten (siehe Kap. 3.1.2). Im Vergleich dazu wird in einem anderen Themenblock durch zwei Interviewpartner ebenso eine Konsolidierung der zahlreichen Dienstleister prognostiziert.[300] Somit wird Annahme 5 nicht bestätigt. Zwischen der zweiten ermittelten Chance und dieser Annahme besteht aber ein anderer Zusammenhang. Sofern intransparente Marktteilnehmer unter wirtschaftlichen Druck gesetzt werden (zweite Chance), können sie entweder transparenter werden oder weiterhin intransparent bleiben. Eine Beibehaltung der Intrans-

---

[300] Vgl. Anhang VI: Tabelle 8, S. 142.

parenz führt mit hoher Wahrscheinlichkeit zu einer Minderung der Wettbewerbsfähigkeit (Annahme 5).

Eine zusammenfassende Implikation der Annahme 5 ist, dass diese nicht unbedingt als Chance gelten kann. Eine Chance besteht eher in der Ausübung von Druck auf intransparente Marktteilnehmer. Erst wenn solche Marktteilnehmer sich weigern, transparenter zu werden, kann daraus resultieren, dass sie laut Annahme 5 vom Markt verdrängt werden. Annahme 5 wird somit eher als ein Resultat erachtet, das sich nach einer erfolgreichen Verwirklichung dieser diskutierten zweiten Chance ergibt.

6.3.2 Kritische Würdigung

Im Folgenden werden drei Gründe für eine positive Kritik an diesem Themenblock erklärt. Als erste Ursache ist die mögliche Erfüllung des Gütekriteriums Reliabilität zu nennen. Aus beiden Ergebnissen der Frage 9 und 10 geht hervor, dass hauptsächlich Agenturen für die Herausforderung der mangelnden Transparenz verantwortlich sind. Das zweite Ergebnis ist die aus zwei Chancen ermittelte Erkenntnis, dass Annahme 5 als ein Resultat nach dem Eintritt der beiden Chancen zu verstehen ist. Ein dritter Grund für die erfolgreiche Untersuchung des Themenblocks bezieht sich auf die Reliabilität der Ergebnisse. Sowohl aus der Kategorie 1 innerhalb der Eisbrecher- und Schlussfrage als auch aus dem Themenblock C ist abzuleiten, dass mit zunehmendem Know-how die Zusammenarbeit im PA ebenso transparenter wird. Diese Erkenntnis steht auch in Zusammenhang mit Themenblock A. Die Möglichkeit der Erhöhung der Verfügbarkeit von Fachkräften und somit von Know-how wird im Themenblock A zudem durch die zeitliche Entwicklung erklärt.

Als negativ bei der Untersuchung dieses Themenblocks ist die Ähnlichkeit des Inhalts der Fragen 9 und 10 zu nennen. Zum Teil wird Frage 10 bereits während der Meinungsäußerung zur Frage 9 beantwortet. Eine doppelte Einschätzung des gleichen Sachverhalts beansprucht die Zeit der Interviewpartner und kann sie ggf. demotivieren. Diese Demotivation kann sich in einer nicht ausführlichen Beantwortung der weiteren Fragen auswirken. Folglich besteht die Gefahr, dass weitere Aussagen nur oberflächlich erläutert werden.

Bei einer nächsten empirischen Untersuchung empfiehlt es sich daher, die beiden Fragestellungen besser voneinander abzugrenzen.

6.4 Kosten-Nutzen-Verhältnis für Advertiser und Publisher

6.4.1 Implikation der Annahme 6 und der Annahme 7

Annahme 6: „Eine pauschale Beurteilung, ob sich die Teilnahme am PA für Advertiser lohnt, ist nicht möglich."

Das Überprüfen der Annahme 6 anhand der empirischen Ergebnisse ergibt sowohl Gemeinsamkeiten als auch Unterschiede.

Zunächst werden die Gemeinsamkeiten erklärt. Aus den empirischen Ergebnissen geht hervor, dass die Teilnahme am PA für einen Advertiser in der Zukunft lohnenswerter sein wird, als es heute ist oder in der Vergangenheit war. Im Umkehrschluss bedeutet das, dass PA in der Gegenwart weniger profitabel ist, als es künftig sein wird. Demnach stellt sich die Frage, inwieweit sich die Beteiligung am PA für einen Advertiser derzeit auszahlt. Ist der finanzielle Nutzen gegenwärtig ausreichend hoch? Mit dem empirischen Ergebnis lässt sich keine aussagekräftige Antwort auf diese Frage geben. Daher wird Annahme 6 bestätigt, dass pauschal nicht eingeschätzt werden kann, ob sich die Teilnahme am PA für Advertiser lohnt.

Im Folgenden wird der Unterschied zwischen Annahme 6 und den nachfolgenden zwei empirischen Ergebnissen vorgestellt. Entgegen Annahme 6 ist aus dem dritten Ergebnis abzuleiten, dass die Teilnahme in erster Linie für große Advertiser lohnenswert ist. Des Weiteren kann Annahme 6 aus dem folgenden Grund widerlegt werden: Bei der Frage nach dem Kosten-Nutzen-Verhältnis werden keine weiteren Vorgaben, wie z. B. die Unternehmensgröße oder Branche eines Advertisers, gemacht. Vor diesem Hintergrund einer nicht ausreichend differenzierten Bewertung für Advertiser ist im Gegensatz zur Annahme 6 eine pauschale Einschätzung durchaus möglich.

Zusammenfassend sind mehr Unterschiede als Gemeinsamkeiten zwischen Annahme 6 und den empirischen Ergebnissen vorhanden. Diese Annahme kann folglich aufgrund einer möglichen pauschalen Bewertung des Kosten-Nutzen-Verhältnisses wahrscheinlich widerlegt werden. Dennoch besteht eine kleine Wahrscheinlichkeit, die Annahme zu bestätigen. Zum einen beweist die oben erklärte Gemeinsamkeit die Gültigkeit von Annahme 6. Zum anderen ist nicht bekannt, von welchen Advertisern die Interviewpartner bei der Beantwortung der Frage ausgegangen sind. Advertiser weichen bspw. in ihren Erfahrungswerten, Unternehmensgrößen oder Branchen voneinander ab. Es ist daher möglich, dass die Befragten die Antworten auf unterschiedliche Advertiser bezogen haben. In einem solchen Fall bestünde nicht die Möglichkeit, die Antworten miteinander zu vergleichen. Es ergäben sich daher keine validen Ergebnisse.

Annahme 7: „Eine pauschale Beurteilung, ob sich die Teilnahme am PA für Publisher lohnt, ist nicht möglich."

Der Vergleich der Annahme 7 mit den empirischen Ergebnissen weist auf die nachfolgende Gemeinsamkeit hin. Sowohl durch Annahme 7 als auch durch die empirischen Ergebnisse kann nicht konkret bestimmt werden, ob die Teilnahme am PA für Publisher profitabel ist. Diesbezüglich herrschen verschiedene Meinungen. Im Gegensatz zu der Bewertung des Kosten-Nutzen-Verhältnisses eines Advertisers ist für Publisher nicht einmal eine Tendenz zu erkennen. Da sich die Kernaussagen der Annahme 7 und der empirischen Ergebnisse gleichen, wird mit großer Wahrscheinlichkeit Annahme 7 bestätigt. Eine weiterführende Erklärung dieser Implikation ist zum einen die ungenaue Einschätzung der Höhe der Kosten für eine SSP. Die Servicegebühren für eine SSP liegen wahrscheinlich zwischen 10% bis 30% (siehe Kap. 3.2.1). Innerhalb dieser prozentualen Spanne können die Gebühren für eine SSP jedoch unterschiedlich hoch ausfallen. Zum anderen ist eine genaue Ertragssteigerung für alle potenziellen Publisher nicht möglich. Diese konkrete Kenntnis über die Yield-Optimierung ist bspw. vom internen Know-how, der Unternehmensgröße und der Branche eines Publishers abhängig. Ein eindeutiges Urteil darüber, ob sich die Teilnahme am PA für einen Publisher lohnt, ist daher nicht möglich. Folglich kann Annahme 7 mit hoher Wahrscheinlichkeit bestätigt werden.

Die Bedeutung des Kosten-Nutzen-Verhältnisses der Advertiser und der Publisher für den gesamten Markt des PA

Wie den obigen Annahmen zu entnehmen ist, bezieht sich die Bewertung des Kosten-Nutzen-Verhältnisses lediglich auf die Marktteilnehmer Advertiser und Publisher. Der Grund hierfür ist, dass Advertiser und Publisher im Vergleich zu den restlichen Marktteilnehmern die wichtigste Rolle im programmatischen Handel einnehmen. Advertiser steuern die Nachfrage, Publisher hingegen das Angebot des Inventars. Wenn ihre Investitionskosten den finanziellen Nutzen überstiegen, würden sie ggf. nicht oder kaum am PA teilnehmen. Ein größerer Kostenaufwand beider Marktteilnehmer kann in einer Herausforderung für den gesamten Markt des PA resultieren. Im Umkehrschluss bedeutet ein höherer finanzieller Nutzen beider Marktteilnehmer eine Chance für das PA.

Durch den Vergleich der oben diskutierten Annahme 6 und 7 lässt sich ableiten, dass sich die Teilnahme am PA für Advertiser mehr lohnt als für Publisher. Die pauschale Aussage, dass die finanziellen Vorteile überwiegen, ist demnach eher für den Advertiser als für den Publisher möglich. Diese Behauptung kann mithilfe der Ergebnisse aus der Kontrollfrage (siehe Kap. 5.5) belegt werden. Die Interviewpartner schätzen die mit PA verbundenen Investitionskosten für Publisher höher ein als für Advertiser. Gewinneinbuße der Publisher im PA können immer mehr Publisher davon abhalten, am PA teilzunehmen. Diese Einbußen können einen Rückgang des Angebots an programmatischen Werbeflächen bedingen. Die eTKPs würden steigen, wenn bei gleichbleibender Nachfrage das Angebot sinken würde. Vermutlich würden Advertiser diese Preissteigerungen nicht akzeptieren und vermehrt im traditionellen Handel einkaufen. Demzufolge hätten die technologischen Plattformen und Agenturen weniger Aufträge. Sie würden entweder finanzielle Nachteile in Kauf nehmen müssen oder sogar vom Markt verdrängt werden. Diese Situation hemmt die Etablierung des PA. Demzufolge können die Investitionskosten der Publisher eine Herausforderung für das PA bedeuten.

Unter dem Gesichtspunkt des Kosten-Nutzen-Verhältnisses der Advertiser kann ihre Teilnahme am PA eher eine Chance statt einer Herausforderung für den gesamten Markt bedeuten. Es stellt sich im Themenblock D heraus, dass die Beteiligung am PA für Advertiser im Allgemeinen lohnenswert ist. Zwar geht aus der Eisbrecher- und Schlussfrage innerhalb der Kategorie 2 die

Chance von effizienten Prozessen im PA für Advertiser und Publisher hervor. In derselben Kategorie werden jedoch lediglich für Advertiser die finanziellen Vorteile, nämlich die Reduzierung von Streuverlusten, hervorgehoben. Dabei sind für Publisher vergleichbare Chancen nicht explizit erwähnt.

Die Herausforderungen und Chancen in Bezug auf das Kosten-Nutzen-Verhältnis können wie folgt bewertet werden: Die durch die Teilnahme am PA resultierenden Kosten für Publisher können eine größere Herausforderung für das PA darstellen als die für Advertiser. Im Gegensatz dazu bedeutet der finanzielle Nutzen für Advertiser im PA eine größere Chance für den gesamten Markt als der für Publisher.

6.4.2 Kritische Würdigung

Trotz einiger Mängel ist die Untersuchung dieses Themenblocks insgesamt gelungen. Positiv anzumerken sind die folgenden Erkenntnisse, die aus der Literatur nicht recherchiert werden konnten: Die Investitionskosten von Publishern seien höher als die der Advertiser. Zudem sollte sich PA derzeit insbesondere für Advertiser mit der Zugehörigkeit zu einer großen Unternehmensgröße eignen. Ein verlässliches Ergebnis ist, dass sowohl für Advertiser als auch für Publisher der finanzielle Nutzen mit zunehmender Zeit die Kosten immer mehr übersteigen soll.

Im Vergleich zu den anderen Themenblöcken ist die Untersuchung zu diesem Themenblock D weniger erfolgreich verlaufen. Die Ursache liegt in der unpräzisen Fragestellung. Es wird keine differenzierte Bewertung der Advertiser und Publisher, wie z. B. nach der Unternehmensgröße, Branche oder dem internen Know-how, vorgenommen. Im Themenblock D werden „Investitionskosten" als „Kosten für die Anbindung an technische Plattformen sowie Personalkosten" definiert. In der Kontrollfrage wird aber lediglich nach der Einschätzung der „Investitionskosten" für Advertiser und Publisher gefragt. Es ist somit nicht bekannt, ob alle Interviewpartner innerhalb der Kontrollfrage unter „Investitionskosten" die „Kosten für die Anbindung an technische Platt-formen sowie „Personalkosten" verstehen. Demzufolge ist die Gewinnung tiefergehender Erkenntnisse eingeschränkt. Bei einer nächsten Untersuchung empfiehlt es sich, eine detaillierte Bewertung des Kosten-Nutzen-Verhältnisses vorzunehmen. Dabei sollten die Befragten das Kosten-Nutzen-

Verhältnis bspw. eines kleinen, mittelständischen und eines großen Advertisers bzw. Publishers voneinander losgelöst bewerten. Während der Befragung kann der Interviewer auch unterschiedliche Branchen aufzählen, sodass die Experten mit einer Skala angeben, für welche Branche sich die Teilnahme am PA zu welchem Anteil lohnt. Es sollte auch geklärt werden, auf welche genauen Kosten sich die „Investitionskosten" beziehen.

Ein weiterer Mangel bei diesem Themenblock besteht in Folgendem: Es wird zwar ermittelt, dass die Teilnahme am PA für Advertiser und Publisher künftig profitabler sein wird, als es heute ist oder in der Vergangenheit war. Bekannt ist jedoch nicht, in welchem Maß sie heute weniger lohnenswert ist als künftig. Ein Verbesserungsvorschlag könnte der Vergleich des künftigen mit dem derzeit herrschenden finanziellen Nutzen sein. Dabei sollte der Befragte eine prozentuale Angabe über den künftigen Anstieg des finanziellen Nutzens, ausgehend von heute, machen.

6.5 Zusammenfassung der Herausforderungen und Chancen sowie allgemeine kritische Würdigung

Im Folgenden werden in einem ersten Schritt die Herausforderungen und Chancen aus den Themenblöcken A bis D vorgestellt, die teilweise auch aus der Eisbrecher- und Schlussfrage hervorgehen. Im zweiten Schritt erfolgen lediglich die aus der Eisbrecher- und Schlussfrage identifizierten Herausforderungen und Chancen. Eine allgemeine kritische Würdigung für die gesamte Untersuchung bildet den Abschluss.

Herausforderungen und Chancen aus den Themenblöcken A bis D und teilweise aus der Eisbrecher- und Schlussfrage

Eine Herausforderung des Fachkräftemangels lässt sich aus Themenblock A, der Kontrollfrage sowie aus der Eisbrecher- und Schlussfrage ermitteln. Zu den Chancen hinsichtlich der Erhöhung der Verfügbarkeit von Fachkräften zählen vermehrte Bildungsangebote durch Studiengänge sowie Ausbildungsmöglichkeiten in Unternehmen. Zudem besteht die Chance, dass im Laufe der Zeit eine Konsolidierung der Plattformen stattfindet. Wären diese einfacher zu bedienen, könnte der Bedarf an Fachkräften sinken und zugleich ihre Verfügbarkeit steigen.

Eine Herausforderung bei der intransparenten Zusammenarbeit zwischen den unterschiedlichen Marktteilnehmern ist aus Themenblock C, der Kontrollfrage sowie aus der Eisbrecher- und Schlussfrage abzuleiten. Vorrangig seien Agenturen für die mangelnde Transparenz verantwortlich. Analog zu der oben dargelegten Chance zur Steigerung der Verfügbarkeit von Fachkräften kann auch hier die zeitliche Entwicklung eine Chance bieten. Mit zunehmender Zeit soll insbesondere bei Advertisern Know-how aufgebaut werden. Der Wissensaufbau ist speziell für Advertiser notwendig, weil sie erhebliche Nachteile durch die mangelnde Transparenz in der Zusammenarbeit mit Agenturen haben. Mit einem höheren Know-how sind Advertiser nicht nur fähig, intransparente Geschäftsbeziehungen zu erkennen und zu vermeiden, sondern auch, PA inhouse und ohne Agenturen zu betreiben. Eine weitere Chance in diesem Zusammenhang ist, dass intransparente Marktteilnehmer unter wirtschaftlichen Druck gesetzt werden, damit sie transparenter werden.

Eine Herausforderung, die sich lediglich aus Themenblock B und der Kontrollfrage ergibt, ist das mangelnde Angebot an PVI. Aus Kostengründen bieten Publisher vor allem hochwertiges Video-Inventar im PA nicht an. Dieses Geschäftsgebaren kann in der fehlenden Bereitschaft der Advertiser begründet sein, hohe eTKPs für PVI zu bezahlen. Eine Chance zur Erhöhung des Angebots an Video-Inventar im PA könnte sich aus einem steigenden Angebot in den nächsten zwei Jahren ergeben. Der Grund für diese Prognose ist nicht nur der Trend für zunehmende Video-Werbung, sondern auch die Situation der Publisher. Teilweise sehen Publisher zwar eine weitere Einnahmequelle darin, programmatisch zu handelndes Video-Inventar anzubieten. Generell seien aber Publisher bereits heute und vermehrt in der Zukunft durch die Buy Side gezwungen, ihr Video-Inventar im PA anzubieten.

Die vergleichende Bewertung des Kosten-Nutzen-Verhältnisses für Publisher und Advertiser im PA deutet sowohl im Themenblock D als auch in der Kontrollfrage auf Folgendes hin: Mit einer sehr kleinen Wahrscheinlichkeit können die Investitionskosten der Publisher eine Herausforderung und der finanzielle Nutzen der Advertiser eine Chance für den gesamten Markt des PA darstellen.

Herausforderungen und Chancen lediglich aus der Eisbrecher- und Schlussfrage

Eine wahrscheinlich große Herausforderung der kaum vorhandenen Standards besteht in den unterschiedlichen Bereichen des PA:

- Die Leistungsfähigkeit der Plattformen hat kaum Standards.

- Es sind wenige Standards hinsichtlich der Qualität sowie der Transparenz der Qualität von Third-Party Data vorhanden. Aussagekräftige Regeln zum Umgang mit Daten fehlen auch, weil das Datenschutzgesetz noch nicht endgültig definiert ist.

- Für die Einkaufsmodelle sind ebenso beinahe keine Standards vorhanden. Es existieren mehrere Wege für den Einkauf von Inventar. Advertiser können entweder in Zusammenarbeit mit einer Agentur oder über eine ITD, aber auch eine ATD einkaufen. Sie haben zudem noch die Möglichkeit, PA inhouse und ohne Unterstützung von Agenturen zu betreiben.

- Es herrscht Uneinigkeit bezüglich der Fachbegriffe. Dies verunsichert nicht nur bestehende, sondern auch potenzielle Marktteilnehmer und schafft zudem Zugangsbarrieren.

Eine Herausforderung ist die Skepsis mancher Marktteilnehmer gegenüber PA. Eine Chance für höheres Vertrauen in PA ist die Aufklärung sowie der Erfahrungsaustausch zwischen den Marktteilnehmern zur Steigerung des Know-hows.

Eine Chance bietet sich außerdem darin, dass bereits heute neue Formate für Video-Inventar und Inventar für Mobil im PA gehandelt werden können. Es ist auch künftig von einer fortschreitenden Etablierung zusätzlicher Formate für TV und Out-of-Home auszugehen.

Eine weitere Chance besteht darin, dass sich das Geschäftsmodell PMP in Deutschland, im Vergleich zu anderen Ländern, stärker durchsetzt. Diese Entwicklung ist in der Vorliebe zur Planbarkeit, Granularität und Transparenz der deutschen Unternehmen begründet. Wie bereits erläutert (siehe Kap. 2.4), bieten PMPs diese zuvor aufgezählten Merkmale für erhöhte Sicherheit und Transparenz.

Allgemeine kritische Würdigung

In diesem Abschnitt wird die gesamte empirische Untersuchung mithilfe zweier weiterer Gütekriterien geprüft.

Das erste Kriterium ist die Validität, welche für die Gültigkeit einer Messung steht.[301] „Hier geht es darum, ob tatsächlich das gemessen wurde, was gemessen werden sollte, und nicht irgendetwas anderes."[302] Dabei wird zwischen der internen und der externen Validität unterschieden. In der vorliegenden Untersuchung ist die interne Validität aus dem folgenden Grund hauptsächlich gegeben: Sowohl aus den vorab definierten Themenblöcken A bis D als auch aus der offen formulierten Eisbrecher- und Schlussfrage gehen vermehrt die gleichen Herausforderungen und Chancen hervor. Nichtsdesto-trotz ist die externe Validität verletzt. Denn bedingt durch die kleine Anzahl der Stichprobe von 22 Experten können diese Ergebnisse nur eine einge-schränkte Validität für die Grundgesamtheit haben. Die Grundgesamtheit ist viel größer als 22 Experten, sodass ggf. andere gegensätzliche und weiterführende Meinungen nicht berücksichtig wurden. Außerdem ist die konkrete Größe der Grundgesamtheit, nämlich die Anzahl aller Experten im deutschen Markt des PA, unbekannt.[303,304] Darüber hinaus behindern qualitative Fragen die uneingeschränkte Gültigkeit der Untersuchung, da die Auswertung der Antworten einer gewissen Subjektivität unterliegen kann.[305] Die externe Validität der Ergebnisse wird durch die Eigenart der Annahmen 1 bis 7 beeinträchtigt. Der Grund ist, dass Annahmen, z. B. im Gegensatz zu

---

[301] Vgl. Gehring, Uwe W./ Weins, Cornelia: Grundkurs Statistik, 2009, S. 61.

[302] Gehring, Uwe W./ Weins, Cornelia: Grundkurs Statistik, 2009, S. 61.

[303] Vgl. Bortz, Jürgen/ Döring, Nicola: Forschungsmethoden und Evaluation, 2010, S. 53f.

[304] Vgl. Gehring, Uwe W./ Weins, Cornelia: Grundkurs Statistik, 2004, S. 49ff.

[305] Vgl. Behse-Bartels, Grit/ Brand, Heike: Subjektivität in der qualitativen Forschung, 2009, S. 13.

Hypothesen, weniger aussagekräftige Ergebnisse zu der Forschungsfrage darstellen und demnach einen Interpretationsspielraum bieten.[306]

Das zweite Gütekriterium, die Objektivität, ist teilweise gegeben. Diese liegt vor, da jedem Interviewpartner die gleichen Fragen in derselben Reihenfolge gestellt wurden. Ihre Antworten wurden durch die zurückhaltende Rolle des Interviewers während des Gesprächs nicht oder kaum beeinflusst. Die Objektivität der Untersuchung kann aber verletzt sein, da die in einem Unternehmen tätigen Interviewpartner einer bestimmten Interessensgruppe zugehörig sind. Es besteht dabei die Gefahr, dass sie Sachverhalte nicht objektiv bewerten oder nach einer „sozialen Erwünschtheit"[307] antworten. Denkbar ist etwa, dass manche Experten eine intransparente Zusammenarbeit zwischen den Marktteilnehmern gutheißen, aber sich im Interview gegensätzlich äußern.[308]

Zusammenfassend ist die Untersuchung trotz einiger Mängel insgesamt erfolgreich und zielführend verlaufen. Es besteht somit eine hohe Wahrscheinlichkeit, dass die gesamten Ergebnisse Gültigkeit für die Grundgesamtheit haben.

---

[306] Vgl. Karmasin, Matthias/ Ribing, Rainer: Die Gestaltung wissenschaftlicher Arbeiten, 2014, S. 87ff.

[307] „Soziale Erwüntschtheit" ist ein Störfaktor bei Befragungen und führt zu Verzerrungen der Ergebnisse.

[308] Vgl. Götze, Wolfgang/ Deutschmann, Christel, Link, Heike: Statistik, 2002, S. 414f.

7 Zusammenfassung und Ausblick

Wie aus dem vorherigen Kapitel folgt, wird die in der Einleitung (siehe Kap. 1) formulierte Forschungsfrage „*Welche Herausforderungen und Chancen existieren im deutschen Markt des PA?*" im größtmöglichen Umfang beantwortet. Aus der Frage sind sowohl Herausforderungen als auch Chancen abzuleiten. Einerseits weisen die Herausforderungen (z. B. Fachkräftemangel, mangelndes Angebot an PVI, kaum vorhandene Standards in unterschiedlichen Bereichen) auf die noch ausbaufähige Etablierung des PA hin. Andererseits verdeutlichen aber die Chancen, dass sich PA zunehmend durchsetzen wird. Vermutlich sollen sich im Laufe der Zeit einige Herausforderungen bewältigen lassen. Darüber hinaus wird die in der Einleitung (siehe Kap. 1) vorgestellte Effizienzsteigerung, die durch PA möglich ist, ebenso als eine Chance in der empirischen Untersuchung gesehen. Für die Weiterentwicklung des PA spricht auch die ermittelte Chance, dass bereits heute Video-Inventar sowie Inventar für Mobile programmatisch gehandelt werden. Zudem hat sich die in der Einleitung (siehe Kap. 1) erwähnte Prognose durch die empirische Untersuchung bestätigt. So seien in der Zukunft weitere Werbe-Formate für die Kanäle TV oder Out-of-Home möglich. Aufgrund dieser vermutlich zunehmenden Etablierung des PA kann auf Folgendes geschlossen werden: Der in der Einleitung (siehe Kap. 1) genannte, aktuelle Anteil des PA am Display-Werbemarkt von 21% kann in Deutschland künftig steigen. Es ist jedoch fraglich, ob der deutsche Markt des PA den bisherigen Rückstand zu den beiden Vorreitermärkten Großbritannien und USA in näherer Zukunft aufholen kann. Unabhängig davon, ob sich PA in Deutschland oder weltweit vermehrt durchsetzen wird, wird nicht nur das Online Marketing verstärkt um eine zusätzliche Disziplin im Display Advertising ergänzt. Diese Entwicklung kann auch Auswirkungen auf die im Folgenden genannten Bereiche haben. Wahrscheinlich werden durch eine Konsolidierung oder sogar Marktverdrängung mancher Unternehmen lediglich führende Firmen den Markt des PA beherrschen. Darüber hinaus kann ein hoher Stellenwert des PA auch auf Bildungseinrichtungen einen Einfluss nehmen. Wie bereits erläutert, muss im PA Know-how aufgebaut werden (siehe Kap. 6.5). Dementsprechend wird das Thema PA immer mehr in den Lehrplänen der Studiengänge, bspw. im Online Marketing, oder in Ausbildungsplänen verankert werden. Eine weitere

Auswirkung, bedingt durch die fortschreitende Etablierung des PA, kann den Arbeitsmarkt betreffen. Manche Berufsbilder im Display Advertising werden sich möglicherweise verändern. Die Kombination aus technischen und kaufmännischen Kenntnissen wird das Anforderungsprofil von Fachkräften im PA prägen. Zusammenfassend gewähren diese Ergebnisse eine umfassende Antwort mit zum Teil detaillierten Ausführungen auf die eingangs gestellte Forschungsfrage.

Die Forschungsfrage ist jedoch sehr komplex, weil sie sich auf eine Vielzahl von Herausforderungen und Chancen im gesamten deutschen Markt des PA bezieht. Es ist deshalb sinnvoll, diese gewonnenen Erkenntnisse als Grundlage für weiterführende wissenschaftliche Arbeiten heranzuziehen. Dabei können die verschiedenen, aus dieser Untersuchung hervorgehenden Themenbereiche aufgegriffen und detailliert behandelt werden. Die Verfügbarkeit von Fachkräften sowie der Grad an Transparenz in der Zusammenarbeit zwischen den Marktteilnehmern oder die Problematik mangelnder Standards im PA bieten sich bspw. als potentielle Themenfelder für eine weitere Thesis an. Da sich im Laufe der Zeit die Herausforderungen und Chancen verändern und ggf. zusätzliche hinzukommen können, ist die kontinuierliche Prüfung dieser Forschungsfrage empfehlenswert.

Anhang I: Entwurf des Fragebogens

Eisbrecherfrage

<u>Frage 1:</u> Gleich zu Beginn bitten ich Sie, spontan je eine Chance und eine Heraus-forderung zu nennen, die Ihrer Meinung nach derzeit im Programmatic Advertising herrschen.

Themenblock A: Verfügbarkeit von Fachkräften

Mit der folgenden Frage bitte ich Sie, eine Einschätzung über die Verfügbarkeit von Fachkräften zu treffen. Ich werde jetzt einen Satz vorlesen und Sie darum bitten, diesen Satz mit einer der vorgegebenen Antwortmöglichkeiten zu vervollständigen:

<u>Frage 2:</u> „Die Verfügbarkeit von Fachkräften im deutschen Arbeitsmarkt des Programmatic Advertising ist ...":

a) sehr niedrig

b) niedrig

c) mittelmäßig

d) hoch

e) sehr hoch

f) keine Angabe

<u>Frage 3:</u> Wie begründen Sie Ihre Bewertung hinsichtlich der Verfügbarkeit von Fachkräften?

Themenblock B: Verfügbares Angebot des PVI

<u>Frage 4:</u> Wie ich vermute, wissen Sie bereits, dass Video-Werbung vor allem bei Branding-Kampagnen zum Einsatz kommt. Wie bewerten Sie das Verhältnis zwischen Angebot und Nachfrage im Video-Inventar?

<u>Frage 5:</u> Bitte schätzen Sie, inwieweit das Angebot an Video-Inventar bezogen auf dessen aktuell vorhandenen Bestand bis 2020 steigen oder sinken wird?

a) Angebot wird sinken

b) kein Anstieg oder gleichbleibend

c) leichter Anstieg

d) großer Anstieg

e) sehr großer Anstieg

f) keine Angabe

Themenblock C: Transparenz in der Zusammenarbeit zwischen den unterschiedlichen Marktteilnehmern

Frage 6 (*Filterfrage*): Wie schätzen Sie die Transparenz in der Zusammenarbeit zwischen den Akteuren ein? Bitte bewerten Sie anhand einer Skala von 1 bis 5, wobei „1" für eine „sehr niedrige" Transparenz und „5" für eine „sehr hohe" Transparenz in der Zusammenarbeit zwischen den Akteuren steht.

Frage 7: Wie begründen Sie Ihre Antwort?

[Interviewpartner kann nur dann zu Frage 8 gelangen, wenn seine Antwort auf der Skala von „1", „2" oder „3" liegt.]

Frage 8: Sie haben die Transparenz auf der Skala von 1 bis 5 mit einer 1/ 2/ 3 bewertet. Bitte erklären Sie, welche nachhaltigen Chancen existieren, um die Transparenz im gesamten Markt nicht kurzfristig, sondern langfristig bzw. dauerhaft zu erhöhen?

Themenblock D: Kosten-Nutzen-Verhältnis für Advertiser und Publisher

Auf der einen Seite können sich Advertiser und Publisher durch die Teilnahme am Programmatic Advertising einen finanziellen Nutzen verschaffen. Advertiser senken Kosten aufgrund reduzierter Streuverluste und Publisher erhöhen ihren Ertrag durch die Ausschöpfung der höchsten Preisbereitschaft der Advertiser.

Auf der anderen Seite ist jedoch die Teilnahme am Programmatic Advertising für Advertiser und Publisher mit Investitionskosten in Bezug auf technische Plattformen, DSP und SSP, und mit Personalkosten verbunden.

Frage 9: Bitte denken Sie an das Kosten-Nutzen-Verhältnis des Programmatic Advertising in den ersten Jahren: Hat sich die Teilnahme am Programmatic Advertising für Advertiser und Publisher in der Vergangenheit gelohnt? Bitte gehen Sie auf beide Akteure ein.

Frage 10: Bitte denken Sie an das Kosten-Nutzen-Verhältnis im Programmatic Advertising in der Gegenwart: Lohnt sich derzeit die Teilnahme am Programmatic

Advertising sowohl für Advertiser als auch für Publisher. Bitte gehen Sie auf beide Akteure ein.

Frage 11: Bitte denken Sie an das Kosten-Nutzen-Verhältnis in den kommenden Jahren: Wird sich künftig die Teilnahme am Programmatic Advertising für Advertiser und Publisher lohnen? Bitte gehen Sie auf beide Akteure ein.

Kontrollfrage: Skalierung der Herausforderungen aus den Themenblöcken A bis D

Frage 12: Angenommen es existieren die nachfolgenden Herausforderungen im Programmatic Advertising. Bitte bewerten Sie auf einer Skala von 1 bis 5 die Bedeutung der jeweiligen Herausforderung für das Programmatic Advertising. Dabei steht „1" für eine „sehr niedrige" Bedeutung und „5" für eine „sehr hohe" Bedeutung:

a) Investitionskosten für den Advertiser

b) Investitionskosten für den Publisher

b) Fachkräftemangel im gesamten Markt

c) Transparenz in der Zusammenarbeit zwischen den Akteuren

d) Mangelndes Angebot an Video-Inventar für Branding-Kampagnen

Schlussfrage

Frage 13: Welche weiteren Herausforderungen und Chancen fallen Ihnen zum Thema Programmatic Advertising im deutschen Markt noch ein, die bisher in der Expertenumfrage nicht thematisiert wurden?

Personen- und unternehmensbezogene Daten

Frage 14: Zu welcher Gruppe der Akteure, wie zum Beispiel Advertiser, Publisher, Demand-Side-Plattform, ordnen Sie Ihren derzeitigen Arbeitgeber beziehungsweise Ihr Unternehmen ein?

Frage 15: Wie viele Mitarbeiter beschäftigt Ihr Unternehmen?

Frage 16: Welchen Job-Titel haben Sie derzeit im Unternehmen?

Frage 17: Zum Abschluss würde ich Sie bitten, eine ungefähre Angabe über die Dauer Ihrer Erfahrungen im Bereich Programmatic Advertising zu machen?

Anhang II: Optimierung des Fragebogens nach Pretest 1 bis 5

Tabelle: Aufstellung der am Pretest teilgenommenen Probanden

Nr.	Datum	Proband	Dauer Erfahrungen im PA	Job-Titel	Klassifizierung
1	30.10.2015	Proband 1	Drei Jahre	Director Media Optimization	Agentur
2	30.10.2015	Proband 2	Fünf Jahre	Senior Key Account Manager	DMP
3	30.10.2015	Proband 3	Drei Jahre	Direktmarketing Manager	Agentur
4	31.10.2015	Proband 4	Fünf Jahre	Global Head of Sales Engineering	DSP
5	02.11.2015	Proband 5	Fünf Jahre	Manager Programmatic Ökosystem und Digital Analytics	Advertiser

Die in der ersten Spalte angegebene Nummerierung bezieht sich auf die Nummern der Pretests von 1 bis 5.

Beispielsweise wurde im Pretest 1 der Proband 1 interviewt.

Themenblock A: Verfügbarkeit von Fachkräften

Pretest 1

Ergänzung der folgenden Frage nach Pretest 1: „Wie kann die Verfügbarkeit von Fachkräften erhöht werden?"[309]

Begründung der Ergänzung: Mit einer vorherigen Frage wurde der Proband im Pretest 1 gebeten, die Verfügbarkeit von Fachkräften einzuschätzen. Aus seinen Erklärungen ist zu entnehmen, dass er mit großer Wahrscheinlichkeit auch Chancen sieht, um die Verfügbarkeit von Fachkräften zu erhöhen.[310]

Diese oben ergänzte Frage wird nur dann gestellt, wenn der Befragte die vorherige Filterfrage nach der Verfügbarkeit von Fachkräften als „sehr niedrig" oder „niedrig" oder auch „mittelmäßig" einschätzt. Fällt die Einschätzung des Befragten zur Verfügbarkeit von Fachkräften „hoch" oder „sehr hoch" aus, liegt folglich ein ausreichender Personalbestand vor. Die Frage nach den „Chancen zur Erhöhung der Verfügbarkeit von Fachkräften„ ist somit nicht sinnvoll und wird nicht gestellt.[311]

Themenblock B: Verfügbares Angebot an PVI

Pretests 1 bis 4

Kritik an Frage 4 aus dem Entwurf des Fragebogens nach Pretest 1 bis 4: „Wie ich vermute, wissen Sie bereits, dass Video-Werbung vor allem bei Branding-Kampagnen zum Einsatz kommt. Wie bewerten Sie das Verhältnis zwischen Angebot und Nachfrage im Video-Inventar?"

Begründung der Kritik zu Frage 4: In allen vier Pretests konnte beobachtet werden, dass die Probanden fähig sind zu antworten, wenn diese Frage als eine geschlossene Frage formuliert wird. Beispielsweise wurde im Pretest 1 geäußert „Die Nachfrage nach Premium-Video ist auf jeden Fall größer als das Angebot."[312] Im Pretest

---

[309] Vgl. Anhang III: Frage 2 in Fragebogen, S. 123.
[310] Vgl. Proband 1: Pretest 1, Audiominute 04:25-05:00.
[311] Vgl. Scholl, Armin: Die Befragung, 2013, S. 156.
[312] Vgl. Proband 1: Pretest 1, Audiominute 05:40-05:48.

3 sagt Proband 3 „Die Nachfrage ist auf jeden Fall höher wie das Angebot."[313] Die Aussage „Für uns gibt es eigentlich eher ein Überangebot an Werbeflächen" stammt aus Pretest 4.[314]

Optimierung der Frage 4 nach Pretests 1 bis 4: Aus den obigen Aussagen der Pretests lässt sich schlussfolgern, dass eine geschlossene Frage nach dem verfügbaren Angebot an PVI sinnvoll ist. Im Anschluss wird der Proband gebeten, seine Auswahl aus den Antwortmöglichkeiten mit einer nächsten Frage zu begründen.[315]

Pretest 2

Kritik an Frage 5 aus dem Entwurf des Fragebogens im Pretest 2: „Bitte schätzen Sie, inwieweit das Angebot an Video-Inventar bezogen auf dessen aktuell vorhandenen Bestand bis 2020 steigen oder sinken wird?"

Begründung der Kritik zu Frage 5: Der Proband ist der Meinung, dass eine Einschätzung für die nächsten fünf Jahre vor allem in der Branche des PA nicht möglich sei. Er schlägt eine Einschätzung für die folgenden zwei Jahre vor.[316]

Optimierung der Frage 5: Entsprechend des obigen Vorschlags wird in Frage 5 nach einer Einschätzung der Angebotsmenge an PVI für die kommenden zwei Jahre gefragt.[317]

Themenblock C: Transparenz in der Zusammenarbeit zwischen den unterschiedlichen Marktteilnehmern

Pretest 2

Kritik an Frage 6 aus dem Entwurf des Fragebogens im Pretest 2: „Wie schätzen Sie die Transparenz in der Zusammenarbeit zwischen den Akteuren ein? Bitte bewerten Sie anhand einer Skala von 1 bis 5, wobei ‚1' für eine ‚sehr niedrige' Transparenz und ‚5' für eine ‚sehr hohe' Transparenz steht."

---

[313] Vgl. Proband 3: Pretest 3, Audiominute 06:44-06:50.
[314] Vgl. Proband 4: Pretest 4, Audiominute 13:10-13:17.
[315] Vgl. Anhang III: Frage 5 und Frage 6 in Fragebogen, S. 123f.
[316] Vgl. Proband 2: Pretest 2, Audiominute 06:05-06:35.
[317] Vgl. Anhang III: Frage 7 in Fragebogen, S. 123.

<u>Begründung der Kritik</u>: Eine Skalierung ist nicht möglich, da zwischen verschiede-nen Akteuren ein unterschiedliches Ausmaß an Transparenz herrscht.[318]

Pretest 3

<u>Optimierung der obigen Frage 6 zu Frage 6a vor Pretest 3</u>: „Gibt es Akteure, die besonders viel oder besonders wenig Transparenz in der Zusammenarbeit mit anderen Akteuren bieten?"

<u>Kritik an Frage 6a im Pretest 3</u>: Der Befragte ist der Meinung, dass zwischen den Akteuren unterschiedliche Ansätze für die Transparenz vorliegen. Weitere Angaben möchte er dazu nicht machen.[319]

Pretest 4

<u>Optimierung der Frage 6a zu Frage 6b vor Pretest 4</u>: „Welche Auffälligkeiten existieren im Hinblick auf die Transparenz in der Zusammenarbeit zwischen den unterschiedlichen Akteuren?"

<u>Kritik an Frage 6b im Pretest 4</u>: Das Wort „Auffälligkeiten" hat für den Probanden eine gewisse Unschärfe. Er rät, dieses Wort wegzulassen. Darüber hinaus sei ein Ersatz des Wortes „Akteur" durch die Formulierung „Marktteilnehmer" empfehlens-wert. Er schlägt vor, diese Frage sehr offen zu formulieren. Ansonsten bestünde das Risiko, dass vereinzelte Befragte sich scheuen, potentiell intransparente Marktteil-nehmer zu benennen. Eine Aufforderung zur Beantwortung einer sensiblen Frage könne zudem eine Resignation bei der Beantwortung nachfolgender Fragen hervorrufen. Eine offene Frage hingegen eröffnet die Möglichkeit, eine tatsächliche Meinung auch äußern zu können.[320]

---

[318] Vgl. Proband 2: Pretest 2, Audiominute 06 :55-08:35.
[319] Vgl. Proband 3: Pretest 3, Audiominute 07:40-09:30.
[320] Vgl. Proband 4: Pretest 4, Audiominute 17:35-20:20.

Pretest 5

Optimierung der Frage 6b zu Frage 6c vor Pretest 5: „Wie bewerten Sie die Transparenz in der Zusammenarbeit zwischen den verschiedenen Marktteilnehmern im Programmatic Ökosystem?"[321]

Kritik an Frage 6c im Pretest 5: Bei dieser Frage fehle eine Einleitung. Mit einer richtungsweisenden Information kann sich der Befragte auf diese Frage mental vorbereiten. Derartige Überleitungsfragen signalisieren, dass ein Frageblock inhaltlich abgeschlossen ist. Der Befragte wird so auf die nächste Kategorie vorbereitet.[322]

---

[321] Vgl. Proband 5: Pretest 5, Audiominute 06:38-07:00.
[322] Vgl. Scholl, Armin: Die Befragung, 2013, S. 157.

Anhang III: Fragebogen

Eisbrecherfrage

<u>Frage 1</u>: Gleich zu Beginn bitten ich Sie, spontan eine Chance und eine Herausforderung zu nennen, die derzeit im Programmatic Advertising herrschen.

<u>Themenblock A</u>: Verfügbarkeit von Fachkräften

<u>Frage 2</u>: Mit der folgenden Frage bitte ich Sie, eine Einschätzung über die Verfügbarkeit von Fachkräften zu treffen. Bitte vervollständigen Sie den Satz mit den nachfolgenden Antwortmöglichkeiten.

„Die Verfügbarkeit von Fachkräften im deutschen Arbeitsmarkt des Programmatic Advertising ist …“:

a) sehr niedrig

b) niedrig

c) mittelmäßig

d) hoch

e) sehr hoch

f) keine Angabe

<u>Frage 3</u>: Bitte begründen Sie Ihre Auswahl.

<u>Frage 4</u>: Wie kann die Verfügbarkeit von Fachkräften erhöht werden?

<u>Themenblock B</u>: Verfügbares Angebot des PVI

<u>Frage 5</u>: Wie Sie bestimmt wissen, kommt innerhalb von Branding-Kampagnen vor allem Video-Werbung zum Einsatz. Besteht für das Video-Inventar, speziell innerhalb des Programmatic Advertising, momentan ein:

a) kleiner Angebotsüberschuss

b) großer Angebotsüberschuss

c) Gleichgewicht zwischen Angebot und Nachfrage

d) kleiner Nachfrageüberschuss

e) großer Nachfrageüberschuss

f) keine Angabe

<u>Frage 6</u>: Bitte begründen Sie Ihre Auswahl.

<u>Frage 7</u>: Bitte gehen Sie bei der nächsten Frage von dem aktuell vorhandenen Angebot an Video-Inventar aus, welches im Programmatic Advertising besteht. Wird das Angebot in den nächsten zwei Jahren:

a) stark sinken

b) leicht sinken

c) gleich bleiben

d) leicht steigen

e) stark steigen

f) keine Angabe

<u>Frage 8:</u> Bitte begründen Sie Ihre Auswahl.

<u>Themenblock C</u>: Transparenz in der Zusammenarbeit zwischen den unterschiedlichen Marktteilnehmern

<u>Frage 9</u>: Mit der nächsten Frage bitte ich Sie, eine Einschätzung über die Transparenz in der Zusammenarbeit zwischen den unterschiedlichen Marktteilnehmern zu treffen. Zwischen welchen Marktteilnehmern besteht wie viel Transparenz in der Zusammenarbeit?

<u>Frage 10</u>: Welche Marktteilnehmer haben ein Interesse daran, den momentan herrschenden Grad an Transparenz entweder:

a) zu reduzieren

b) beizubehalten

c) oder zu erhöhen?

<u>Frage 11</u> (*Filterfrage*): Denken Sie, dass der derzeit herrschende Grad an Transparenz in der Zusammenarbeit zwischen den Marktteilnehmern eine Herausforderung für die Etablierung des Programmatic Advertising darstellt?

Frage 12: (*Befragter gelangt erst dann zu dieser Frage, wenn er die vorherige Filterfrage mit „Ja" beantwortet hat.*)

Welche langfristigen Möglichkeiten existieren, um sich dieser Herausforderung zu stellen?

Themenblock D: Kosten-Nutzen-Verhältnis für Advertiser und Publisher

Die nächste Frage thematisiert das Kosten-Nutzen-Verhältnis aus der Sicht des Advertisers sowie des Publishers. Auf der einen Seite haben Advertiser und Publisher durch die Teilnahme am Programmatic Advertising einen finanziellen Vorteil. Auf der anderen Seite haben sie aber auch Investitionskosten für die Anbindung an technische Plattformen sowie Personalkosten.

Frage 13: Die folgende Frage bezieht sich vorerst auf den Advertiser, und zwar auf die Brand und nicht auf die Agentur. Bitte schätzen Sie ein, ob sich die Teilnahme am Programmatic Advertising für ihn in der Vergangenheit gelohnt hat, sich derzeit lohnt und sich künftig lohnen wird.

Frage 14: Bitte nehmen Sie nun die gleiche Einschätzung für den Publisher vor und begründen diese.

Kontrollfrage: Skalierung der Herausforderungen aus den Themenblöcken A bis D

Frage 15: Versetzen Sie sich bitte in die Situation hinein: Sie möchten das Programmatic Advertising in Deutschland vorantreiben. Dafür müssen Sie die damit verbundenen Herausforderungen kennen, die ich im Folgenden nenne:

a) Fachkräftemangel:
Bitte bewerten Sie den Stellenwert des Fachkräftemangels auf einer Skala von 1 bis 5. „1" steht für „sehr niedrigen" Stellenwert und „5" für „sehr hohen" Stellenwert der Herausforderung.
b) Mangelnde Transparenz in der Zusammenarbeit zwischen allen Marktteilnehmern
c) Mangelndes Angebot an Programmatic Video-Inventar
d) Investitionskosten, die für den Advertiser, und zwar für die Brand, entstehen, wenn er am Programmatic Advertising teilnimmt.

e) Investitionskosten, die für den Publisher entstehen, wenn er am Programmatic Advertising teilnimmt.

f) keine Angabe

Schlussfrage

<u>Frage 16</u>: Welche weiteren Herausforderungen und Chancen fallen Ihnen noch ein, die bisher in der Expertenumfrage nicht thematisiert wurden?

Personen- und unternehmensbezogene Daten

Im letzten Frageblock bitte ich Sie, allgemeine Angaben zu Ihrer Person und zu Ihrem derzeitigen Arbeitgeber beziehungsweise Unternehmen zu machen.

<u>Frage 17</u>: Zu welcher Gruppe der Marktteilnehmer, wie zum Beispiel Publisher oder Demand-Side-Plattform, ordnen Sie Ihren derzeitigen Arbeitgeber beziehungsweise Ihr Unternehmen ein?

<u>Frage 18</u>: Wie viele Mitarbeiter beschäftigt das Unternehmen?

<u>Frage 19</u>: Welchen Job-Titel haben Sie derzeit im Unternehmen?

<u>Frage 20</u>: Zum Abschluss bitte ich Sie, eine ungefähre Angabe über die Dauer Ihrer Erfahrungen im Bereich Programmatic Advertising zu machen.

Anhang IV: Aufstellung der gesamten Experten aus der Stichprobe

Advertiser	Agentur	DSP	Publisher	SSP	DMP & Magazin
A	F	J	N	R	V
B	G	K	O	S	W
C	H	L	P	T	
D		Ad Server/ DSP	Q	Meta SSP	
E		M		U	
5 Advertiser	3 Agenturen	4 DSPs	4 Publisher	4 SSPs	1 DMP & 1 Magazin
Insgesamt 22 Experten					

Legende der Farben	
	Persönliches Interview
	Skype-Interview
	Telefoninterview

Anhang V: Interviewschulung

- Begrüßung, Danksagung

- Einverständniserklärung zur Aufnahme des Gesprächs für die spätere Auswertung der Experteninterviews

- Vorstellung des Themas „Herausforderungen und Chancen im deutschen Markt des Programmatic Advertising" und der Zielsetzung des Experteninterviews

- Hinweis auf

  ➢ Sperrvermerk der Masterarbeit (keine Veröffentlichung der personenbezogenen Aussage)

  ➢ Dauer der Umfrage (ca. 20 Minuten)

  ➢ Verwendung offener und geschlossener Fragen

  ➢ erwünschtes Nachfragen bei Unklarheiten

  ➢ Beantwortung der Fragen ausschließlich mit Bezug auf den deutschen Markt

Anhang VI: Auswertung der Experteninterviews

Eisbrecherfrage

Frage 1 „Gleich zu Beginn bitte ich Sie, spontan eine Chance und eine Herausforderung zu nennen, die derzeit im Programmatic Advertising herrschen." („C" für Chance und „H" für Herausforderung)

Tabelle 1: Erste Reduktion auf R_x (Qualitative Forschungsmethode)

EIV	Zeile	Paraphrasierung	Generalisierung	Reduktion auf R_x
A	36-37	C: Direkter Zugang zum Markt/ zum Inventar	C: Automatisierung	**R_1** Chance: Effiziente Prozesse durch Automatisierung
	39-40	H: Fachkräftemangel	H: Fachkräftemangel	
B	17-18	C: Zielgerichteter über RTA einzukaufen	C: Zielgerichtete Werbung	**R_2** Chance: Reduzierung von Streuverlusten speziell für Advertiser
	19-20	H: Know-how	H: Fachkräftemangel	
	20-21	H: Intransparenz- oder Fraud-Risiko	H: Keine Transparenz zur Vermeidung von Fraud	
C	22-24	H: Von Mehrwert des PA überzeugen	C: Aufklärung gegen Skepsis	**R_3** Herausforderung: Fachkräftemangel
	34	C: Zielgruppen effizient zu erreichen	C: Reduzierung von Streuverlusten	
D	20-21	H: Zusammenbringen von unterschiedlichen Marktteilnehmern für mehr Transparenz	H: Mangel an Transparenz in der Zusammenarbeit von unterschiedlichen Marktteilnehmern	
	25	C: Qualität der Werbeaktivitäten	C: Reduzierung von Streuverlusten	**R_4** Herausforderung: Mangelnde Transparenz in der Zusammenarbeit zwischen den unterschiedlichen Marktteilnehmern • Fraud durch Komplexität der Kopplung von Technologien • Brand Safety
	27	C: Erweiterung auf unterschiedliche Formate	C: Neue Formate	
	29-30	C: Fundierte Investitionsentscheidung	C: Reduzierung von Streuverlusten	
E	15	C: Zielgerichtete Werbung	C: Reduzierung von Streuverlusten	
	20-21	H: Brand Safety	H: Brand Safety	
F	15-16	C: Effiziente Arbeitsprozesse	C: Effiziente Prozesse	
	17-18	H: Mangel an Fachkräften/ Know-how	H: Fachkräftemangel	
G	37-39	C: Zielgruppengerichtete Werbung	C: Reduzierung von Streuverlusten	
	40-42	H: Agenturen werden nicht honoriert	H: Agenturen werden nicht honoriert	
	43-47	H: Intransparente Qualität der Daten	H: Intransparente Daten-Qualität	**R_5** Chance: Neue Formate im PA bereits heute und zunehmend künftig möglich
	50-51	H: Gesetze, die Cookie-Thematik erschweren	H: Datenschutzgesetz	
	53-56	C: Zunehmende Weiterentwicklung des PA	C: Zunehmende Etablierung des PA	
H	16-17	C: Möglichkeit effizienter zu sein	C: Effiziente Prozesse	

	23-24	H: Know-how	H: Fachkräftemangel	**R_6**
J	17-28	C: Effektive Prozesse/ Effizienzgewinn	C: Effiziente Prozesse	Chance: Etablierung des Geschäftsmodells PMP
	30-31, 39-40	H: Änderung Markstruktur, Anpassung an technische Gegebenheiten	H: Komplexität der Kopplung von Technologien	**R_7** Herausforderung: Skepsis gegenüber PA Chance: Aufklärung, Dialog, Know-how
	33-34	H: Nachhaltig funktionierendes Modell finden	H: Geschäftsmodell	
K	15-27	H: Nachwuchs/ Problem Leute zu finden	H: Fachkräftemangel	
	27-30	H: Zurückhaltung der Publisher und Agenturen	H: Skepsis gegenüber PA	
L	16-22	C: Wegen Datenvielfalt und Datenqualität Eins-zu-Eins Kundenansprache möglich	C: Reduzierung von Streuverlusten	
	24	H: Datenschutzgesetz	H: Datenschutzgesetz	**R_8**
	24-25	H: Transparenz in Daten	H: Intransparente Daten-Qualität	Herausforderung: Mangelnde Berücksichtigung der unterschiedlichen Interessen mit bestehendem Geschäftsmodell Agenturen werden nicht honoriert
	25	H: Bedarf an Know-how	H: Fachkräftemangel	
M	18-24	C: In den nächsten Jahren Wegfall des IO-Business und zu 80% bis 90% PA	C: Zunehmende Etablierung des PA	
	27	H: Personalproblem	H: Fachkräftemangel	
	31-32	H: Technisches Herausforderung des Fraud	H: Fraud	
	33-35	H: Viele nicht bereit Premium-Inventar programmatisch zu verkaufen	H: Wenig Angebot an Premium-Inventar	**R_9** Herausforderung: Daten • Intransparente Daten-Qualität ohne Marktstandards • Datenschutzgesetz →Führt zu Streuverlusten und Zunahme von Ad Blocks
	44-45	H: Mangel an qualitativ wertvollen Targeting-Anbietern	H: Wenig qualitativ wertvolle Third-Party Data	
N	25-26	C: Freigewordene Zeit durch Automatisierung für Optimierung der Kampagnen nutzen	C: Effiziente Prozesse	
	28-29	C: Transparente Preisbildung für den Advertiser	C: Zunehmende Transparenz	
	33-44	H: Keine Marktstandards zum Umgang mit der Anreicherung von Daten, um zu wissen wie viel eine Impression wert ist	H: Keine Marktstandards für Daten-Qualität	
	48-53	H: Verzicht auf teuren Dateneinkauf und deswegen Auslieferung von Kampagnen auf Low-TKP mit Streuverlusten und als Folge steigen Ad-Block-Zahlen	H: Kein Kauf teurer und minderer Qualität von Third-Party Data und deswegen Streuverluste und Zunahme von Ad Blocks	**R_10** Chance: Zunehmende Etablierung des PA und zunehmende Transparenz in der Zusammenarbeit der Marktteilnehmer
O	14-15	C: Abwicklung von Kampagnen vereinfachen	C: Effiziente Prozesse	
	17-18	H: Technische Implementierung des PA	H: Komplexität der Kopplung von Technologien	
P	19-22	C und H: Umfeld hat nicht mehr die Relevanz	C: Reduzierung von Streuverlusten	
Q	17	C: Effizienzsteigerung im Einkauf und Verkauf	C: Effiziente Prozesse	
	18-20	H: Abstimmung der einzelnen Anforderungen	H: Mangelnde Berücksichtigung der unterschiedlichen Interessen	
R	15-23	C und H: Chance ist die Möglichkeiten zu nutzen, aber die	H: Skepsis	

		deutsche Kultur sehr langsam		
S	18-21	C und H: Ausweitung auf Programmatic Guaranteed	C: PMP wird angenommen	
T	16-22	C: Abbildung fast aller Formate im PA	C: Neue Formate	
	22-26	H: Es gibt Marktplayer, die dieser Effizienz kritisch gegenüberstehen und ihr bisheriges Black-Box-System aufgeben müssen	H: Skepsis gegenüber PA	
U	15-34	C: Privat-Market-Platz wird in Deutschland besser angenommen im Vergleich zu anderen Ländern, weil man absolute Transparenz, Granularität und Planbarkeit will	C: PMP wird angenommen	
	35-52	H: Unsicherheit und Ängste gegenüber PA	H: Skepsis gegenüber PA	
V	16-20	H: PA datenschutzgerecht aufzubereiten und um-zusetzen	H: Datenschutzgesetz	
	20-24	C: Werbung relevanter/ erfolgreicher	C: Reduzierung von Streuverlusten	
W	16-20	C: Werbung auf Personen bezogen	C: Reduzierung von Streuverlusten	
	22-32	H: Fachkräftemangel/ Mangel an Know-how	H: Fachkräftemangel	

Tabelle 2: Zweite Reduktion auf das Kategoriensystem für Frage 1 (Qualitative Forschungsmethode)

R_x	Paraphrase	Generalisierung	Kategoriensystem für Frage 1
R_1	Chance: Effiziente Prozesse durch Automatisierung	Chance: Effiziente Prozesse durch Automatisierung	**Kategorie 1** Chance: effiziente Prozesse durch Automatisierung
R_2	Chance: Reduzierung von Streuverlusten speziell für Advertiser	Chance: Reduzierung von Streuverlusten speziell für Advertiser	**Kategorie 2** Chance: Reduzierung von Streuverlusten speziell für Advertiser
R_3	Herausforderung: Fachkräftemangel	Herausforderung: Fachkräftemangel	**Kategorie 3** Herausforderung: Fachkräftemangel
R_4	Herausforderung: Mangelnde Transparenz in der Zusammenarbeit zwischen den unterschiedlichen Marktteilnehmern • Fraud durch Komplexität der Kopplung von Technologien • Brand Safety	Herausforderung: Transparenz in der Zusammenarbeit zwischen den unterschiedlichen Marktteilnehmern	**Kategorie 4** Herausforderung: Transparenz in der Zusammenarbeit zwischen den unter-schiedlichen Marktteilnehmern Chance: Zunehmende Etablierung des PA und zunehmende Transparenz in der Zusammenarbeit der Marktteilnehmer
R_5	Chance: Neue Formate im PA bereits heute und zunehmend künftig möglich	Chance: Neue Formate im PA bereits heute und zunehmend künftig möglich	**Kategorie 5** Chance: Neue Formate im PA bereits heute und zunehmend künftig möglich

R_6	Chance: Etablierung des Geschäftsmodells PMP	Chance: Etablierung des Geschäftsmodells PMP	**Kategorie 6** Chance: Etablierung des Geschäftsmodells PMP
R_7	Herausforderung: Skepsis gegenüber PA Chance: Aufklärung, Dialog, Know-how	Herausforderung: Skepsis gegenüber PA	**Kategorie 7** Herausforderung: Skepsis gegenüber PA Chance: Aufklärung, Dialog, Know-how
R_8	Herausforderung: Mangelnde Berücksichtigung der unterschiedlichen Interessen mit bestehendem Geschäftsmodell • Agenturen werden nicht honoriert	Chance: Aufklärung, Dialog, Know-how	
R_9	Herausforderung: Daten • Intransparente Datenqualität ohne Marktstandards • Datenschutzgesetz → Führt zu Streuverlusten und Zunahme von Ad Blocks	Herausforderung: Daten • Intransparente Datenqualität, • keine Marktstandards für Daten/ Datenschutzgesetz	**Kategorie 8** Herausforderung: Daten • intransparente Datenqualität, • keine Marktstandards/ Datenschutzgesetz
R_10	Chance: Zunehmende Etablierung des PA und zunehmende Transparenz in der Zusammenarbeit der Marktteilnehmer	Chance: zunehmende Transparenz in der Zusammenarbeit zwischen den unterschiedlichen Marktteilnehmern	

Themenblock A: Verfügbarkeit von Fachkräften

Frage 2 (Filterfrage) „Die Verfügbarkeit von Fachkräften im deutschen Arbeitsmarkt des Programmatic Advertising ist …":

<u>Tabelle 3</u>: n^{323}=22 (Quantitative Forschungsmethode)

Vorgegebene Antwortmöglichkeiten	Advertiser		Agentur		DSP		Publisher		SSP		DMP & Magazin		Σ H. (absolut)
	H.	EIV	H.	EIV	H.	EIV	H.	EIV	H.	EIV	H.	EIV	
a) sehr niedrig	1	B	2	FG					2	RU			5
b) niedrig	4	ACDE	1	H	4	JKLM			2	ST	2	VW	13
c) mittelmäßig							4	NOPQ					4
d) hoch													
e) sehr hoch													
Gesamt (n=)													22

<u>Filter</u>: Es werden keine Experten herausgefiltert, da alle Angaben zwischen a) „sehr niedrig" bis c) „mittelmäßig" liegen. Das bedeutet,

---

[323] „n" ist die Anzahl der Stichprobe.

dass alle Experten nach Möglichkeiten zur Erhöhung der Verfügbarkeit von Fachkräften in der nachfolgenden Frage 3 befragt werden

können.

Tabelle 4: n= 21 (Quantitative Forschungsmethode)

Basierend auf den Antworten von Frage 2 werden Marktteilnehmer in drei Unternehmensgrößen (klein, mittelständisch, groß) eingeordnet. Die Antworten werden pro Unternehmensgröße betrachtet. Die Anzahl der Stichprobe beläuft sich auf 21 Experten, da ein Experte mit dem Kürzel „M" die Information über die Anzahl der Mitarbeiter in Deutschland nicht nennen darf.

	sehr niedrig		niedrig		mittelmäßig		n
	H.	EIV	H.	EIV	H.	EIV	
Kleine Unternehmen: <50 Mitarbeiter	2	RU	5	JKSVW	1	Q	8
Mittelständische Unternehmen: <250 Mitarbeiter	1	G	3	EHL	1	N	5
Große Unternehmen : ab 250 Mitarbeiter	2	BF	4	ACDT	2	OP	8
Gesamt (n=)							21

Frage 3 (bezieht sich auf Frage 2) „Bitte begründen Sie Ihre Auswahl."

Tabelle 5: Erste Reduktion auf R_x (Qualitative Forschungsmethode)

EIV	Zeile	Paraphrase	Generalisierung	Reduktion auf R_x
A	56	Sehr junge Disziplin	Sehr junge Disziplin	R_1
	59	Unis nehmen das Thema nicht auf	Keine Studiengänge	Sehr junge Disziplin
	61-62	Können nicht ausbilden	Ausbildung nicht möglich	R_2
	62	Wegen fehlendem Know-how	Fehlendes Know-how	Wenig bis kein Know-how
B	46-47	Notwendiges Niveau an Fach-kräften sehr niedrig	Notwendiges Know-how sehr niedrig	
	47-49	Oberflächliche Kenntnisse	Oberflächliches Know-how	R_3
C	45-46	Der Markt ist neu und un-erforscht	Neuer und unerforschte Disziplin	Wenig bis keine Ausbildungs-plätze
	50-51	Wenige Unis oder wenige Abschlüsse	Wenige Studiengänge	
	54-55	Zu wenige Fachkräfte und es wird zu wenig getan	Wenige Ausbildungsplätze	R_4
D	51-52	Die Disziplin ist neu und jung	Neue und junge Disziplin	Wenig bis keine Studiengänge
	52-53	Wird nicht an Hochschulen gelehrt	Keine Studiengänge	
E	34-35	Leute haben keine Ausbildung gemacht	Keine Ausbildungsplätze	
	35	Leute haben nicht studiert	Keine Studiengänge	

	37-38	Der Markt hat sich geändert zu Programmatic	Sehr junge Disziplin	
F	31	Wenig langjährige Erfahrungen	Wenig Know-how	
G	64-65	Das Ganze ist noch relativ jungfräulich	Sehr junge Disziplin	
	76	Viele haben das Thema noch nicht verstanden	Wenig Know-how	
	78-82	Von Unis kommen Leute, die nur oberflächliches Know-how mitbringen	Wenig Studiengänge	
	91-92	Fachkräfte muss man selber entwickeln	Ausbildung notwendig	
H	36-40	Unterschied innerhalb Fachkräfte: Beratungsbereich höheren Mangel als im Operativen	Unterschiedliches Niveau an Fachkräften	**R_5** Verschiedene Arten von Fachkräften mit unterschiedlichen Verfügbarkeiten • Mathematiker, Statistiker, Ingenieur • Entscheider
	44-45	Auf allen Seiten muss Know-how aufgebaut werden	Wenig Know-how	
J	65-69	Oberflächliche Erfahrungen	Oberflächliches Know-how	
	69-70	Ausbildung notwendig	Wenig Ausbildung	
K	43	Viele haben nur Teilerfahrungen/ Quereinsteiger	Wenig Know-how	
L	37-38	Im Bereich Engineering/ Software-Development Kampagnen-Steuerung extrem niedrig	Unterschiedliches Niveau an Fachkräften	
M	59-60	Bereich erst neu entwickelt	Junge Disziplin	
	60	Keine Ausbildungsberufe zum PA vorhanden	Keine Ausbildungsberufe	
	61-62	PA wird nur rudimentär in Studiengängen gelehrt	Sehr wenige Studiengänge	
N	65-66	Die Branche ist noch sehr jung	Sehr junge Disziplin	
	71	Zu wenig in den Unis verankert	Wenige Studiengänge	
	74-79	Wenige Praxiserfahrungen	Wenig Ausbildung	
O	33	Relativ neue Disziplin	Sehr junge Disziplin	
	37-40	Leute haben wenig digitale Erfahrung	Wenig Know-how	
P	38	Generell ein neues Thema	Sehr junge Disziplin	
Q	34-36	Fehlende fundierte Kenntnisse	Kein Know-how	
R	40-41	Zu wenige verstehen das Thema	Wenig Know-how	
S	33-38	Die Frage ist wie fundiert die Kenntnisse sein müssen	Verschiedene Arten von Fachkräften	
T	34-48	Ein Trader ist schnell anzulernen, aber es gibt sehr wenige fähige Entscheider	Besonders zu wenig fähige Entscheider	
U	61-72	Unterscheidung zwischen Technik und Kaufmännisches notwendig	Verschiedene Arten von Fachkräften	
	72-74	Erfahrung fehlt	Wenig Know-how	
V	31-32	Relativ neuer Bereich	Sehr junge Disziplin	
	33-36	Wenig ausgebildete Fachkräfte/ Erfahrung	Wenig Ausbildung/ Know-how	
W	46-48	Brauchen Mathematiker, Statistiker, Engineers, die aber schon	Fachkräfte wie Mathematiker,	

		gut bezahlte Jobs haben	Statistiker, Engineers notwendig	

Tabelle 6: Zweite Reduktion auf das Kategoriensystem für Frage 3
(Qualitative Forschungsmethode)

R_x	Paraphrase	Generalisierung	Kategoriensystem für Frage 3
R_1	Sehr junge Disziplin	Sehr junge Disziplin	**Kategorie 1** Sehr junge Disziplin • Sehr wenig Know-how • Sehr wenige Ausbildungsmöglichkeiten • Sehr wenige Studiengänge
R_2	Wenig bis kein Know-how	Sehr wenig Know-how	
R_3	Wenig bis keine Ausbildungsplätze	Sehr wenige Ausbildungsmöglichkeiten	
R_4	Wenig bis keine Studiengänge	Sehr wenige Studiengänge	
R_5	Verschiedene Arten von Fachkräften mit unterschiedlichen Verfügbarkeiten • Mathematiker, Statistiker, Ingenieur • Entscheider	Verschiedene Arten von Fachkräfte mit unterschiedlichen Verfügbarkeiten • Mathematiker, Statistiker, Ingenieur • Entscheider	**Kategorie 2** Verschiedene Arten von Fachkräften mit unterschiedlichen Verfügbarkeiten • Mathematiker, Statistiker, Ingenieur • Entscheider

Frage 4 „Wie kann die Verfügbarkeit von Fachkräften erhöht werden?"

Tabelle 7: Erste Reduktion auf R_x (Qualitative Forschungsmethode)

EIV	Zeile	Paraphrase	Generalisierung	Reduktion auf R_x
A	68-69	Man muss bei den Unis anfangen	In Unis beginnen	**R_1** Studiengänge in Unis
	76-77	Natürliche Entwicklung wird stattfinden	Zeitliche Entwicklung	
B	54	Ausbildung	Ausbildung in Unternehmen	**R_2** Zeitliche Entwicklung
	60	Einfachere Tools	Einfachere Tools	
C	59-60	Stärkerer Aufbau der Expertise notwendig	Ausbildung/ Studium	**R_3** Ausbildung in Unternehmen
D	63	Es wird ein organischer Prozess sein	Zeitliche Entwicklung	
	64-72	Vorbereitung an Unis	In Unis lehren	
E	42	Thema mehr im Studium vorstellen	Studiengänge in Unis	**R_4** Einfachere Tools
	46-47	Mehr anwenderbezogene Seminare von Dienstleistern	Ausbildung in Unternehmen	
F	35-36	Im Bereich Ausbildung/ Studium	Ausbildung/ Studium	
	40	Training on the Job	Ausbildung in Unternehmen	
G	98-99	Studiengang/ Ausbildungsberuf anbieten	Ausbildung/ Studium	
	109-112	Entwicklung des Marktes über die Zeit	Zeitliche Entwicklung	
	119-122	Weniger Fachkräfte notwendig durch Konsolidierung von zahlreichen Dienstleistern	Konsolidierung von zahlreichen Dienstleistern	**R_5** Konsolidierung von zahlreichen technischen Dienstleistern
H	51-52	Interne Ausbildung	Ausbildung in Unternehmen	
	54	Quereinsteiger aus dem Analytischen	Quereinsteiger einstellen	

		und aus Beratungsbereich		
J	97	Onboarding und Education	Ausbildung in Unternehmen	
K	81-85	Adaption von PA durch Unternehmen	Ausbildung in Unternehmen	
	87-88	Mehr Talente trainieren	Ausbildung in Unternehmen	
L	40-43	Durch Konsolidierung von technischen Dienstleistern erhöht sich Verfügbarkeit von Fachkräften	Konsolidierung von technischen Dienstleistern führt zu mehr Fachkräften	
	58-59	Spezielle Ausbildungsmöglichkeiten	Ausbildung in Unternehmen	
M	73-81	Ausbildung in Unis nicht möglich, sondern intern im Unternehmen	Ausbildung in Unternehmen	
N	83-94	Mehr Online Marketing im Studium und Kooperation mit Unternehmen	Studiengänge in Unis	
O	43-44	Ausbildung/ Studiengänge	Studiengänge in Unis	
	45-50	Innovative, offene Quereinsteiger	Quereinsteiger einstellen	R_6 Quereinsteiger einstellen
	50-53	In Unis Studenten mit Open Mindest ausbilden	Studiengänge in Unis	
P	45-47	Stärkeres Wissensvermittlung in Unis	Studiengänge in Unis	
Q	41	Interne Schulungen	Ausbildung in Unternehmen	
	41-42	Wechsel zwischen einzelnen Organisationen	Ausbildung	
R	49-52	Thema in Unis/ Verbänden bekannt machen	Studiengänge in Unis	
S	47	Das passiert durch die Zeit	Zeitliche Entwicklung	
	48-50	Wechsel ähnlicher Fachkräften ins PA	Quereinsteiger einstellen	
T	56-57	Ergibt sich von selbst	Zeitliche Entwicklung	
U	82-85	Fachliche Ausbildung/ Workshops	Ausbildung in Unternehmen	
	85-88	In Unis praktische Programmierung lernen	In Unis lehren	
V	44	Das muss zeitlich wachsen	Zeitliche Entwicklung	
	49-52	Austausch mit Fachkräften aus dem Ausland	Ausbildung durch Austausch mit Fachkräften aus dem Ausland	
W	62-70	Mehr Angebote von Studienplätzen	In Unis lehren	

Tabelle 8: Zweite Reduktion auf das Kategoriensystem für Frage 4
(Qualitative Forschungsmethode)

R_x	Paraphrase	Generalisierung	Kategoriensystem für Frage 4
R_1	Studiengänge in Unis	Studiengänge in Unis	**Kategorie 1** Bildungsangebote durch • Studiengänge • Ausbildung in Unternehmen
R_2	Zeitliche Entwicklung	Zeitliche Entwicklung	
R_3	Ausbildung in Unternehmen	Ausbildung in Unter-nehmen	
R_4	Einfachere Tools	Einfachere Tools	**Kategorie 2** Zeitliche Entwicklung • Konsolidierung von zahlrei-chen technischen Dienstleistern
R_5	Konsolidierung von zahlreichen technischen Dienstleistern	Konsolidierung von zahlreichen techni-schen Dienstleistern	

R_6	Quereinsteiger einstellen	Mehr rekrutieren	• einfachere Tools

Themenblock B: Verfügbares Angebot an PVI

Frage 5 "Besteht für das Video-Inventar, speziell innerhalb des Programmatic Advertising, momentan ein...":

Tabelle 9: n=22 (Quantitative Forschungsmethode)

Vorgegebene Antwortmög-lichkeiten	Advertiser		Agentur		DSP		Publisher		SSP		DMP & Magazin		Σ H. (absolut)
	H.	EIV	H.	EIV	H.	EIV	H.	EIV	H.	EIV	H.	EIV	
a) kleiner Nachfrageüberschuss													
b) großer Nachfrageüberschuss					3	JLM	4	NOPQ	2	SU	1	W	10
c) Nachfrage-überschuss	2	BD	1	H	1	K			2	RT			6
d) Gleichgewicht zwischen Angebot und Nachfrage	2	CE	1	F									3
e) kleiner Angebotsüberschuss													
f) großer Angebotsüberschuss													
g) Angebots-überschuss			1	G							1	V	2
h) keine Angabe	1	A											1
Gesamt (n=)													22

Legende [ ] ntwortmöglichkeit nach Auswertung hinzugefügt

- Nachfrageüberschuss (inklusive „kleiner" und „großer" Nachfrageüberschuss): **16 von 22**
- Gleichgewicht zwischen Angebot und Nachfrage: **3 von 22**
- Angebotsüberschuss: **2 von 22**
- keine Angabe: **1 von 22**

Frage 6 (bezieht sich auf Frage 5) "Bitte begründe Sie Ihre Auswahl."

Tabelle 10: Erste Reduktion auf R_x (Qualitative Forschungsmethode)

EIV	Zeile	Paraphrase	Generalisierung	Reduktion auf R_x
A	88-93	Keine Angabe		**R_1** Sehr wenig Angebot an qualitativ hochwertigem Inventar
B	74-76	Nachfrageüberschuss für qualitativ hoch-wertiges Inventar	Hauptsächlich wenig qualitativ hochwertiges Inventar vorhan-den	
C	74-76	Angebot durch große Video-Vermarkter	Angebot vordergründig durch Player	**R_2** Angebot vordergründig durch Player
	79	Man versucht Premium-Preise hochzu-halten	Publisher verkaufen nicht im PA, um hohe TKPs beizu-behalten	

D	84-86	Es gibt nur die großen Player wie Google und YouTube	Angebot vordergründig durch Player	**R_3** Höhere TKPs für Publisher im traditionellen Verkauf
E	56-57	Keine entsprechende Angabe		
F	68-70	Nachfrageüberschuss für qualitativ hochwertiges Inventar	Hauptsächlich wenig qualitativ hoch-wertiges Inventar vorhanden	**R_4** Hauptsächlich sehr wenig Angebot an qualitativ hochwertigem Inventar vorhanden
	71-72	Angebotsüberschuss für Massen-Inventar	Viel Angebot für minderwertiges Inventar	
G	131-161	Der Video-Markt ist noch nicht ausgebaut, aber wird sich künftig mehr etablieren	Wenig Nachfrage und wenig Angebot an Video-Inventar	**R_5** Viel Angebot für minderwertiges Inventar
H	68-75	Keine Angabe		
J	138-140	Für Video-Inventar können hohe eTKPs realisiert werden	Publisher verkaufen nicht im PA, um hohe TKPs beizubehalten	
J	141	YouTube ist die größte Quelle	Angebot vordergründig durch Player	
K	107-111	Wenige Player dominieren im Video-Markt	Angebot vordergründig durch Player	
	120-125	Publisher verkaufen Video-Verfügbarkeiten direkt und nicht im PA	Publisher verkaufen nicht im PA, um hohe TKPs beizubehalten	
L	74-77	Keine Angabe		
M	90-91	Wenig große Video-Publisher	Angebot vordergründig durch Player	
	94-96	Man muss auch Inventarquellen mit minderer Qualität ausweichen	Viel Angebot für minderwertiges Inventar	
N	114-117	Publisher halten Video-Inventar zurück und verkaufen im Direktkundengeschäft, um hochpreisige TKPs zu realisieren	Publisher verkaufen nicht im PA, um hohe TKPs beizubehalten	
	119-121	Publisher haben Angst, dass im PA ihr Inventar zu günstig verkauft wird	Publisher verkaufen nicht im PA, um hohe TKPs beizubehalten	
O	68-72	Publisher bevorzugen direkt gebuchte Kampagnen	Publisher verkaufen nicht im PA, um hohe TKPs beizubehalten	
P	86-88	Video wird klassisch sehr gut verkauft und es besteht nicht die Notwendigkeit es im PA zu verkaufen	Publisher verkaufen nicht im PA, um hohe TKPs beizubehalten	
Q	56-59	Hauptsächlich zu wenig hochwertiges Video-Inventar vorhanden (Premium-Inventar)	Hauptsächlich wenig qualitativ hoch-wertiges Inventar vorhanden	
R	85-86	Angebot durch YouTube und Facebook	Angebot vordergründig durch Player	**R_6** Buy Side nicht bereit hohe Preise für Video im PA zu bezahlen
	90-91	Andere Publisher vermarkten traditionell und nicht programmatisch	Publisher verkaufen nicht im PA, sondern traditionell	
S	64-67	Angebot durch YouTube oder durch andere Broadcasts	Angebot vordergründig durch Player	
T	76-84	Nachfrage zu den hohen Preisen für Video im PA nicht da	Buy Side nicht bereit hohe Preise für Video im PA zu bezahlen	
U	106-110	Üblicherweise klassischer Verkauf und nicht im PA	Publisher verkaufen nicht im PA, sondern traditionell	
V	69-75	PA aktuell auch für Branding-Kampagnen mit Video geeignet	Angebot vordergründig durch Player	
W	86-91	Publisher bieten Inventar traditionell an, da	Publisher verkaufen nicht im	

		hohe TKPs von mehr als 30 Euro	PA, um hohe TKPs beizubehalten	

Tabelle 11: Zweite Reduktion auf das Kategoriensystem für Frage 6

(Qualitative Forschungsmethode)

R_x	Paraphrase	Generalisierung	Kategoriensystem Frage 6
R_1	Sehr wenig Angebot an qualitativ hochwertigem Inventar	Angebot sehr niedrig für qualitativ hoch-wertiges Inventar	**Kategorie 1** Angebot
R_2	Angebot vordergründig durch Player	Angebot vordergründig durch Player	• sehr niedrig für qualitativ hoch-wertiges Inventar, aber
R_3	Höhere TKPs für Publisher im traditionellen Verkauf	Hohe TKPs im traditionellen Verkauf	• vorhanden für minderwertiges Inventar
R_4	Hauptsächlich sehr wenig Angebot an qualitativ hochwertigem Inventar vorhanden	Angebot sehr niedrig für qualitativ hoch-wertiges Inventar	**Kategorie 2** Angebot vordergründig durch große Player und restliche Publisher bieten Inventar weiterhin traditionell und nicht im PA an, weil
R_5	Viel Angebot für minderwertiges Inventar	Angebot vorhanden für minderwertiges Inventar	• sie hohe TKPs im traditionellen Verkauf realisieren
R_6	Buy Side nicht bereit hohe Preise für Video im PA zu bezahlen	Buy Side nicht bereit hohe eTKPs für Video im PA zu bezahlen	• und Buy Side nicht bereit ist hohe eTKPs für Video im PA zu bezahlen

Frage 7 „Bitte gehen Sie bei der nächsten Frage von dem aktuell vorhandenen Angebot an Video-Inventar aus, welches im Programmatic Advertising besteht. Wird das Angebot in den nächsten zwei Jahren ...":

Tabelle 12: n=22 (Quantitative Forschungsmethode)

Vorgegebene Antwortmöglichkeiten	Advertiser		Agentur		DSP		Publisher		SSP		DMP & Magazin		Σ H. (absolut)
	H.	EIV	H.	EIV	H.	EIV	H.	EIV	H.	EIV	H.	EIV	
a) stark sinken													0
b) leicht sinken													0
c) gleich bleiben													0
d) leicht steigen	1	C	1	G			3	OPQ	1	R	1	W	7
e) stark steigen	3	BDE	2	FH	4	JKLM	1	N	3	STU			13
f) steigen	1	A									1	V	2
Gesamt (n=)													22

Legende [____] *Antwortmöglichkeit nach der Auswertung hinzugefügt*

Frage 8 (bezieht sich auf Frage 7) „Bitte begründen Sie Ihre Auswahl."

Tabelle 13: Erste Reduktion auf R_x (Qualitative Forschungsmethode)

EIV	Zeile	Paraphrase	Generalisierung	Reduktion auf R_x
A	95-102	Keine Angabe		R_1
B	84-85	Der Markt entwickelt sich in die Richtung	Anstieg, da Trend	Anstieg, da Trend für mehr Video
	85-86	Publisher können dadurch mehr verdienen	Anstieg, da Yield für Publisher	
	89-92	Publisher haben keine Interesse Inventar im PA anzubieten, da sie im traditionellen Verkauf mehr Kontrolle haben	Traditioneller Verkauf ist Hindernis für Anstieg	R_2 Hindernis Anstieg: Traditioneller Verkauf
C	91-96	Publisher werden mehr Video im PA anbieten als weitere Einnahmequelle	Anstieg, da weitere Einnahmequelle für Publisher	
D	101-105	Angebotsanstieg, da hohes Potential für Ein-nahmen für Publisher aufgrund vorhandener Nachfrage	Anstieg, da Yield für Publisher	R_3 Anstieg, da weitere Ein-nahmequelle für Publisher
E	68-69	Angebotsanstieg, da der Trend so ist	Anstieg, da Trend	
F	84-88	Angebotsanstieg, da viele neue Formate	Anstieg durch neue Formate	R_4 Anstieg, da neue Formate
G	175-178	Kein starker Anstieg, da fehlende Möglichkeit zur Produktion von Video-Content	Kein starker Anstieg, da fehlende Möglichkeit zur Produktion von Video-Content	
H	82-84	Starker Anstieg, da Anstieg Social-Bereich	Anstieg, da Trend für Video-Konsum	R_5 Hindernis Anstieg: Video-Produktion nicht möglich
	85-90	Neue Formate durch neue Anbieter (Mobil)	Anstieg durch neue Formate	
	92-94	Nachfrage ist da und Publisher versuchen Inventar auszubauen	Anstieg, da weitere Einnahmequelle für Publisher	
J	151-157	Angebotsanstieg, da hohe Nach-frage als Einnahmequelle	Anstieg, da weitere Einnahmequelle für Publisher	R_6 Anstieg, da vermehrter Video-Konsum
	157	Neue Video-Formate	Anstieg durch neue Formate	
K	143-146	Immer mehr Agenturen fragen im PA nach	Anstieg, da weitere Einnahmequelle für Publisher	
	159-167	Publisher haben im programmatischen Direktverkauf Vertrauen und auf diesem offenem Marktplatz weitere Nachfrager	Anstieg, da weitere Einnahmequelle für Publisher	R_7 Anstieg, da Publisher durch Buy Side gezwun-gen sind, Inventar im PA anzubieten
L	88-89	Starker Anstieg, da Monetarisierung für Publisher	Anstieg, da weitere Einnahmequelle für Publisher	
	96-99	Publisher werden von Agenturen gezwungen sein Inventar im PA anzubieten	Anstieg, da Publisher durch Agen-turen gezwungen werden Inventar im PA anzubieten	R_8 Anstieg, da mehr Anbieter
M	107-112	Viele Anbieter verbessern die Inventar-Qualität	Anstieg, da Trend	R_9 Anstieg, da internationa-ler Anstieg
	113-119	Print-lastige Verlage wollen Video anbieten	Anstieg, da mehr Anbieter	
N	131-134	Durch steigende Nachfrage werden Publisher gezwungen sein Inventar anzubieten	Anstieg, da Publisher durch Buy Side gezwungen werden Inventar im PA anzubieten	
O	91-94	Keine entsprechende Angabe		
P	86-88	Kein starker Anstieg, da das Inventar	Traditioneller Verkauf ist Hindernis	

		sich klassisch gut verkaufen lässt	für Anstieg	
Q	69-70	Leichter Anstieg, da Publisher gezwungen sind Inventar im PA anzubieten	Anstieg, da Publisher durch Buy Side gezwungen werden Inventar im PA anzubieten	
R	109-110	Anstieg, da steigender Konsum von Video	Anstieg, da Trend für Video-Konsum	
S	81-83	Anstieg, da gesamter Markt sich zu PA entwickelt	Anstieg, da Trend	
T	98-102	Starker Anstieg, da internationaler Anstieg	Internationaler Anstieg	
U	128-134	Starker Anstieg, da deutsche Vor-liebe für Premium, Planbarkeit, Granularität	Anstieg, da Trend	
V	87-90	Immer mehr Anbieter	Anstieg, da immer mehr Anbieter	
W	91-96	Publisher müssen ihr Inventar im PA anbieten, da sie durch Agenturen gezwungen werden	Anstieg, da Publisher durch Buy Side gezwungen sind, Inventar im PA anzubieten	

<u>Tabelle 14</u>: Zweite Reduktion auf das Kategoriensystem für Frage (Qualitative Forschungsmethode)

R_x	Paraphrase	Generalisierung	Kategoriensystem
R_1	Anstieg, da Trend für mehr Video	Anstieg, da Trend für mehr Video	**Kategorie 1**
R_2	Hindernis Anstieg: Traditioneller Verkauf	Hindernis Anstieg: Traditioneller Verkauf	Angebotsanstieg, weil
			• Trend für mehr Video
R_3	Anstieg, da weitere Einnahmequelle für Publisher	Anstieg, da weitere Einnahmequelle für Publisher	• weitere Einnahme-quelle für Publisher
R_4	Anstieg, da neue Formate	Anstieg, da Trend für mehr Video	• Publisher durch Buy Side gezwungen sind,
R_5	Hindernis Anstieg: Video-Produktion nicht möglich	Hindernis Anstieg: Video-Produktion nicht möglich	Inventar im PA anzubieten
R_6	Anstieg, da vermehrter Video-Konsum	Anstieg, da Trend für mehr Video	
R_7	Anstieg, da Publisher durch Buy Side gezwungen sind, Inventar im PA anzubieten	Anstieg, da Publisher durch Buy Side gezwungen sind, Inventar im PA anzubieten	**Kategorie 2** Hindernis Angebotsanstieg durch traditionellen Verkauf des Inventars
R_8	Anstieg, da mehr Anbieter	Anstieg, da Trend für mehr Video	
R_9	Anstieg, da internationaler Anstieg	Anstieg, da Trend für mehr Video	

Themenblock C: Transparenz in der Zusammenarbeit zwischen den unterschiedlichen Marktteilnehmern

Frage 9 „Zwischen welchen Marktteilnehmern besteht wie viel Transparenz in der Zusammenarbeit?"

Tabelle 15: Erste Reduktion auf R_x (Qualitative Forschungsmethode)

EIV	Zeile	Paraphrase	Generalisierung	Reduktion auf R_x
A	113-116	Agenturen leben von ihrem Arbitrage-Modell und kaufen CPCs ein, die für uns unbekannt sind	Agentur intransparent zum Advertiser	R_1 Agentur teilweise intransparent zu Advertiser in Bezug auf die Kostenstruktur, weil
B	108-109	Publisher neigen zu Intransparenz zum Advertiser	Publisher teilweise intransparent zum Advertiser	
	109-114	Mediaagenturen wollen Margen generieren und neigen zu Intransparenz	Agentur teilweise intransparent	• Preisdruck der Advertiser auf Agenturen
C	121-123	Man kennt die Marge der DMPs nicht	DMP ist intransparent	R_2
	134-136	Transparenz zwischen Agentur, DMPs und Advertiser noch nicht vorhanden	Keine Transparenz zwischen Agentur, DMP und Advertiser	Publisher teilweise intransparent
D	113-130	Alle Marktteilnehmer sind nicht transparent	Alle Marktteilnehmer intransparent	R_3
E	90-92	Keine Transparenz beim Agentur-Thema, da sie Margen verstecken	Agentur intransparent	DMP ist intransparent
F	105-108	Funktionsweise der SSPs unbekannt für Publisher und gewisse Intransparenz	SSP intransparent zum Publisher	R_4 SSP intransparent zum Publisher
	108-115	Intransparenz zwischen DSP und SSP aufgrund von Konkurrenz	Intransparenz zwischen DSP und SSP	
G	211-215	Beim Einsatz von Third-Party Data wird Transparenz immer geringer	DMP intransparent	R_5 Intransparenz zwischen DSP und SSP
	222-228	Agenturen intransparent, da Marge notwendig, aber keine Bereitschaft der Advertiser vernünftige Preise zu bezahlen	Agentur intransparent zum Advertiser wegen Preisdruck durch Advertiser	
H	121-135	Große Intransparenz bei Drittdaten	DMP intransparent	
J	194-196	Teilweise kennt Advertiser die Marge der Agentur	Agentur teilweise intransparent zum Advertiser	
K	205-216	Zusammensetzung der von SSP angebotener Preis für DSP unbekannt	Intransparenz zwischen DSP und SSP	
	219-223	Datenanbieter keine großartige Transparenz	DMP intransparent	
	225-228	Einkäufer sieht nur Preis und nicht wie viel DSP und Agentur bekommen	Agentur teilweise intransparent zum Advertiser	
L	109-117	Nachholbedarf in Transparenz der Herkunft der Daten für Advertiser	DMP intransparent	
M	140-153	Mittlerweile transparente SSPs vorhanden	Transparente SSPs	R_6 Mittlerweile transparente SSPs vorhanden
N	154-160	Datenbesitzer sind nicht transparent	DMP intransparent	

O	105-116	Keine entsprechende Angabe		
P	117-120	Agentur Trading Desks sagen nicht für welchen Kunden sie Inventar kaufen	Agentur nicht transparent zum Publisher	
Q	81-84	Agentur wenig transparent zum Publisher über die Verwendbarkeit des Inventars	Agentur nicht transparent zum Publisher	**R_7** Agentur teilweise nicht transparent zum Publisher, da Publisher nicht weiß, welche Agentur für welchen Advertiser Inventar kauft
R	131-136	Einige Agenturen nicht transparent zu Advertisern in Bezug auf Konditionen	Agentur teilweise intransparent zum Advertiser	
	136-144	Manche Agenturen übermitteln dem Publisher den eigene Namen oder den des Advertisers nicht	Agentur teilweise nicht transparent zum Publisher, da Publisher nicht weiß, welche Agentur für welchen Advertiser Inventar kauft	
S	105-107	Für normale Advertiser ist der gesamte Markt des PA t nicht durchschaubar	Gesamter PA-Markt für Advertiser intransparent wegen Mangel an Know-how	**R_8** Gesamter PA-Markt für KMU Advertiser intransparent
T	124-125	Publisher sehr transparent zu seinen technischen Dienstleistern	Publisher transparent zur SSP	
	129-131	Agenturen arbeiten mit versteckten Margen, da Advertiser starken Preisdruck ausüben	Agentur intransparent zum Advertiser wegen Preisdruck durch Advertiser	**R_9** Publisher transparent zur SSP
U	148-155	Wenig Transparenz zwischen DSP und SSP	Wenig Transparenz zwischen DSP und SSP	
V	105-107, 111-115	Agenturen wenig transparent zu Advertisern	Agentur intransparent zum Advertiser	
W	123-132	Wenig Transparenz zwischen Agentur und Advertisier	Wenig Transparenz zwischen Agentur und Advertisier	
	153-159	Managed-Service-DSPs nicht transparent zu Advertisern	DSP nicht transparent	

Tabelle 16: Zweite Reduktion auf das Kategoriensystem für Frage 9
(Qualitative Forschungsmethode)

R_x	Paraphrase	Generalisierung	Kategoriensystem für Frage 9
R_1	Agentur teilweise intransparent zum Advertiser in Bezug auf die Kostenstruktur, weil Preisdruck der Advertiser auf Agenturen	Agentur teilweise intransparent zum Advertiser in Bezug auf die Kostenstruktur, weil Preisdruck der Advertiser auf Agenturen	**Kategorie 1** Agentur teilweise intransparent • zum Advertiser in Bezug auf Kostenstruktur, weil Advertiser zum einen wenig Know-how haben und zum anderen auf Agenturen Preisdruck ausüben • zum Publisher, da keine Übermittlung des Namen der Agentur und des Advertisers an Publisher
R_2	Publisher teilweise intransparent zum Advertiser	Publisher teilweise intransparent zum Advertiser	
R_3	DMP ist intransparent	Zwischen technologischen Plattformen wenig Transparenz	
R_4	SSP intransparent zum Publisher	SSP intransparent zum Publisher	
R_5	Intransparenz zwischen DSP und SSP	Zwischen technologischen Plattformen wenig Transparenz	
R_6	Mittlerweile transparente SSPs vorhanden	Zwischen technologischen Plattformen zunehmend mehr Transparenz	**Kategorie 2** • Publisher teilweise intransparent zum Advertiser, aber transparent zur SSP • SSP intransparent zum Publisher
R_7	Agentur teilweise nicht transparent zum Publisher, da Publisher nicht weiß, welche Agentur für welchen Advertiser Inventar kauft	Keine Übermittlung des Namen der Agentur und des Advertisers an Publisher	
R_8	Gesamter PA-Markt für KMU Advertiser intransparent wegen	Gesamter PA-Markt für Advertiser intransparent wegen Mangel an	

	Mangel an Know-how	Know-how	**Kategorie 3**
R_9	Publisher transparent zur SSP	Publisher transparent zur SSP	Zwischen technologischen Plattformen wenig, aber zunehmende Transparenz

Frage 10 „Welche Marktteilnehmer haben ein Interesse daran, den momentan herrschenden Grad an Transparenz entweder: zu reduzieren, beizubehalten oder zu erhöhen? Bitte begründen Sie Ihre Einschätzung."

Tabelle 17: n=22, Mehrfachnennungen möglich
                (Quantitative Forschungsmethode)

Vorgegebene Antwortmöglichkeiten (n=22)								
a) Transparenz reduzieren ...			b) Transparenz beibehalten ...			c) Transparenz erhöhen ...		
... will	H. (absolut)	EIV (sagt Experte)	... will	H. (absolut)	EIV (sagt Experte)	... will	H. (absolut)	EIV (sagt Experte)
Agentur	4	ABDE				Advertiser	4	ACDE
Publisher	1	B				Agentur	1	C
DMP	1	D				Agentur	1	F
						DMP	1	C
						Alle	1	C
			Agentur	2	GH	Advertiser	3	GHF
Agentur	1	M				Advertiser	3	JKM
						Alle	3	JKL
						Agentur	1	M
Agentur	1	N				Publisher	2	OQ
						Advertiser	1	O
						Agentur	1	Q
Agentur	3	PST				Advertiser	3	PST
Publisher	2	TU				Agentur	1	T
						Advertiser	2	VW
Agentur	1	V				Publisher	1	W

Tabelle 18: Darstellung der absoluten Häufigkeiten aus Tabelle 17

Bspw. sagen 16 Experten, dass der Advertiser die Transparenz erhöhen will.

Vorgegebene Antwort-möglichkeiten	Advertiser	Agentur	DMP	Publisher	Alle
	H. (absolut)	H. (absolut)	H. (absolut)	H. (absolut)	H. (absolut)
a) Transparenz reduzieren		10	1	3	
b) Transparenz beibehalten		2			
c) Transparenz erhöhen	16	5	1	3	4

Frage 11 „Denken Sie, dass der derzeit herrschende Grad an Transparenz in der Zusammenarbeit zwischen den Marktteilnehmern eine Herausforderung für die Etablierung des Programmatic Advertising darstellt?"

Tabelle 19: n=22 (Quantitative Forschungsmethode)

Vorgegebene Antwortmöglich-keiten	Advertiser		Agentur		DSP		Publisher		SSP		DMP & Magazin		H. (absolut)
	H.	EIV	H.	EIV	H.	EIV	H.	EIV	H.	EIV	H.	EIV	
Ja	5	ABCDE	2	FH	3	JKM	3	NOP	3	RTU	1	V	17

Filter: Es werden die Experten GLQSW herausgefiltert, die in Frage 12 nicht berücksichtigt werden.

Frage 12 „Welche langfristigen Möglichkeiten existieren, um sich dieser Herausforderung zu stellen?"

Tabelle 20: Erste Reduktion auf R_x (Qualitative Forschungsmethode)

EIV	Zeile	Paraphrase	Generalisierung	Reduktion auf R_x
A	149-152	Inhousing für Advertiser	Aufbau von Know-how beim Advertiser	R_1 Aufbau von Know-how, vorrangig beim Advertiser, für mehr Vertrauen
B	143-149	Intransparente Marktteilnehmer werden transparent, wenn wirtschaftlich notwendig	Intransparente Marktteilnehmer unter wirtschaftlichen Druck setzen für mehr Transparenz	
C	182-196	Neues Einkaufsmodell für eine bessere Aussagekraft, wie gut die Zielgruppe erreicht wurde	Neues Einkaufsmodell	R_2 Neues Einkaufsmodell
D	189	Wird mit der Zeit passieren	Mehr Transparenz mit zunehmender Zeit	R_3 Mehr Transparenz mit zunehmender Zeit
	197-200	Preisgabe von Informationen, wenn man unter Druck gesetzt wird	Mehr Transparenz durch wirtschaftlichen Druck verlangen	
E	126	Keine Angabe		R_4 Intransparente Marktteilnehmer unter wirtschaftlichen Druck setzen für mehr Transparenz
F	135-136	Transparenz wächst mit Know-how der Teilnehmer	Mehr Transparenz mit zunehmendem Know-how	
H	220-224	Fraud durch Tools lösen	Ad Verification durch Technologieanbieter	
	227-230	Mehr Vertrauen durch Beratung geben	Aufbau von Know-how für mehr Vertrauen	R_5 Dialog zwischen allen Marktteilnehmern
J	286-288	Vertrauen aufbauen	Aufbau von Vertrauen	
K	342-348	Verständnis für PA aufbauen	Aufbau von Know-how	
M	217-220	Ad Verification durch Technologieanbieter	Ad Verification durch Technologieanbieter	
N	225-226	Druck von Advertisern für mehr Transparenz		R_6 Ad Verification durch Technologieanbieter
O	175-178	Advertiser über Möglichkeiten der Transparenz aufklären	Aufbau von Know-how beim Advertiser	
P	159-160	Dialog zwischen allen Marktteilnehmern	Dialog zwischen allen Marktteilnehmern	
R	206-210	Wissen aufbauen für Strategieentwicklung	Aufbau von Know-how	

T	178-182	Publisher aufklären, dass sie durch transparente Zusammenarbeit mehr Geld verdienen können	Aufbau von Know-how	
U	238-239	Andere Preismodelle	Neues Einkaufsmodell	
V	141-145	Dialog zwischen Agentur und Advertiser, um klarzustellen, wer welche Marge generiert/ Abbau von Misstrauen	Dialog zwischen allen Marktteilnehmern	
V	145-150	Andere Abrechnungsmodelle	Neues Einkaufsmodell	

Tabelle 21: Zweite Reduktion auf das Kategoriensystem für Frage 12
(Qualitative Forschungsmethode)

R_x	Paraphrase	Generalisierung	Kategoriensystem für Frage 12
R_1	Aufbau von Know-how, vorrangig beim Advertiser, für mehr Vertrauen	Aufbau von Know-how, vordergründig beim Advertiser, für mehr Vertrauen	**Kategorie 1** Mit zunehmender Zeit Aufbau von Know-how im gesamten Markt
R_2	Neues Einkaufsmodell	Aufbau von Know-how	• vorrangig beim Advertiser für mehr Vertrauen
R_3	Mehr Transparenz mit zunehmender Zeit	Mit zunehmender Zeit	• durch Dialog zwischen allen Marktteilnehmern
R_4	Intransparente Marktteilnehmer unter wirtschaftlichen Druck setzen für mehr Transparenz	Intransparente Marktteilnehmer unter wirtschaftlichen Druck setzen für mehr Transparenz	**Kategorie 2** Intransparente Marktteilnehmer unter wirtschaftlichen Druck setzen für mehr Transparenz
R_5	Dialog zwischen allen Marktteil-ehmern	Dialog zwischen allen Marktteilnehmern	
R_6	Ad Verification durch Technologieanbieter	Aufbau von Know-how	

Themenblock D: *Kosten-Nutzen-Verhältnis für Advertiser und Publisher*

Frage 13 "Die folgende Frage bezieht sich vorerst auf den Advertiser, und zwar auf die Brand und nicht auf die Agentur. Bitte schätzen Sie ein, ob sich die Teilnahme am Programmatic Advertising für ihn in der Vergangenheit gelohnt hat, sich derzeit lohnt und künftig lohnen wird. Bitten begründen Sie Ihre Einschätzung."

Tabelle 22: Erste Reduktion auf R_x (Qualitative Forschungsmethode)

EIV	Zeile	Paraphrase	Generalisierung	Reduktion auf R_x
A	182-185	In der Vergangenheit nicht gelohnt	In der Vergangenheit wenig gelohnt	**R_1** In Vergangenheit nicht gelohnt, da
B	175-178	Es lohnt sich in allen Fällen	In allen Zeithorizonten lohnt es sich	• mangelndes Know-how vorrangig bei Agenturen
	187-191	Heute lohnt es sich mehr als vor vier Jahren	Derzeit lohnt es sich mehr als in Vergangenheit	
C	209-224	In der Vergangenheit gelohnt und in Zukunft noch stärker, da Vorsprung möglich	In allen Zeithorizonten lohnt es sich, künftig noch mehr	• kleine Abnahme-

D	228-233	Bessere Ansprache der Zielgruppe und mehr Effektivität und Effizienz je nach Bedarf	Effizienz und Effektivität	mengen
	239-240	Hat sich gelohnt, lohnt sich, wird sich morgen lohnen	In allen Zeithorizonten lohnt es sich	**R_2** In allen Zeithorizonten lohnt es sich und künftig noch mehr, da • Effizienz und Effektivität • Ad Impressions • Targeting
E	141-147	Lohnt sich und wird sich weiterhin lohnen	In allen Zeithorizonten lohnt es sich	
F	213-219	Künftig wird es sich mehr lohnen als in Vergangenheit	Künftig lohnt es sich mehr als in Vergangenheit	
G	377-381	In Vergangenheit gelohnt und künftig noch mehr, da in Zukunft mehr Datenverfügbarkeit	In allen Zeithorizonten lohnt es sich, künftig noch mehr	
H	246-256	Bisher lohnt es sich nur für große Advertiser, da mehr Datenverfügbarkeit	Derzeit lohnt es sich nur für große Advertiser	**R_3** Derzeit lohnt es sich und künftig noch mehr: • Vorrangig lohnt es sich für große Advertiser mehr als für kleine Advertiser, da sie PA inhouse betreiben können.
	266-267	Es lohnt sich nach und nach und in Zukunft noch mehr	Künftig lohnt es sich mehr als in Vergangenheit	
J	326-329	Es ist keine Wahl/ man muss es machen	In allen Zeithorizonten lohnt es sich	
K	379	Es hat sich schon immer gelohnt	In allen Zeithorizonten lohnt es sich	
	379-384	Es wird sich immer mehr lohnen wegen Verfügbarkeit von mehr Kanälen	Künftig lohnt es sich mehr als in Vergangenheit, da Verfügbarkeit von mehr Kanälen	
L	163	Pauschale Aussage nicht möglich	Pauschale Aussage nicht möglich	**R_4** Künftig lohnt es sich mehr als in Vergangenheit, da mehr • Kanäle verfügbar • Etablierung von PA • Know-how
M	238-241	In Vergangenheit nicht gelohnt, da Agenturen wenig Erfahrungen im PA hatten	In Vergangenheit nicht gelohnt, da wenig Erfahrungen der Agenturen	
	242-247	Heute lohnt es sich, in Zukunft sowieso	In allen Zeithorizonten lohnt es sich, künftig noch mehr	
N	262-263	Vergangenheit nicht zwingend, momentan ja, künftig definitiv	Künftig lohnt es sich mehr als in Vergangenheit	
O	203-210	Es wird sich künftig lohnen, derzeit und in Vergangenheit nicht, da PA wenig etabliert	Künftig lohnt es sich mehr als in Vergangenheit, da Etablierung PA	
P	174	Es wird sich in Zukunft stärker lohnen	Künftig lohnt es sich mehr als in Vergangenheit	
Q	159-162	In Vergangenheit nicht gelohnt, da Agenturen kein Interesse an PA hatten	In Vergangenheit nicht gelohnt, da Agenturen wenig Interesse am PA	
R	261-262	In allen Zeiteinheiten lohnt es sich, da Ansprache eines Einzelkunden	In allen Zeithorizonten lohnt es sich, da Ad Impression	
S	213-224	Es lohnt sich wegen Effizienz	In allen Zeithorizonten lohnt es sich, da Effizienz und Effektivität	
	226	Es lohnt sich derzeit für große Advertiser	Derzeit lohnt es sich nur für große Advertiser	
T	197-206	Für große lohnt es sich bereits heute mehr als für kleine, da PA inhouse und da ohne Agentur	Derzeit lohnt es sich nur für große Advertiser	
	215-218	Heute lohnt es sich mehr als in Vergangenheit	Derzeit lohnt es sich mehr als in Vergangenheit	
U	281-297	Künftig wird es sich lohnen, in Vergangenheit weniger	Künftig lohnt es sich mehr als in Vergangenheit	
V	163-178	Derzeit lohnt es sich, künftig noch mehr mit zunehmenden Erfahrungswerten	Künftig lohnt es sich mehr als in Vergangenheit, da zunehmendes Know-how	

W	194-195	Es fängt an sich zu lohnen und künftig noch mehr	Derzeit lohnt es sich, künftig noch mehr	
	195-197	In Vergangenheit nicht gelohnt, da in kleinen Größen eingekauft	In Vergangenheit nicht gelohnt, da kleine Abnahmemengen	
	203	Effiziente und effektive Werbung	Effizienz und Effektivität	

Tabelle 23: Zweite Reduktion auf das Kategoriensystem für Frage 13

R_x	Paraphrase	Generalisierung	Kategoriensystem für Frage 13
R_1	In Vergangenheit nicht gelohnt, da • da wenig Know-how, vorrangig bei Agenturen • kleine Abnahmemengen	In Vergangenheit hat es sich weniger gelohnt wegen mangelndem Know-how und Interesse vordergründig bei Agenturen	**Kategorie 1** In allen Zeithorizonten lohnt es sich, aber mit zunehmender Zeit wird es sich immer mehr lohnen. • In der Vergangenheit hat es sich weniger gelohnt wegen mangelndem Know-how und Interesse der Agenturen.
R_2	In allen Zeithorizonten lohnt es sich und künftig noch mehr, da • Effizienz und Effektivität • Ad Impressions • Targeting	In allen Zeithorizonten lohnt es sich und künftig noch mehr, da PA generell mehr Effizienz bietet.	• Derzeit lohnt es sich vorrangig für große Advertiser, da sie PA inhouse betreiben können.
R_3	Derzeit lohnt es sich und künftig noch mehr: • Vorrangig für große Advertiser mehr als für kleine Advertiser, da sie PA inhouse betreiben können.	Derzeit lohnt es sich vordergründig für große Advertiser, da sie PA inhouse betreiben können.	• Künftig lohnt es sich noch mehr als in der Vergangenheit wegen zunehmenden Know-hows.
R_4	Künftig lohnt es sich mehr als in Vergangenheit, da mehr • Kanäle verfügbar • Etablierung von PA • Know-how	Künftig lohnt es sich noch mehr als in Vergangenheit, da mehr Know-how vorhanden	**Kategorie 2** Der Grund für den finanziellen Nutzen ist die vermehrte Effizienz und Effektivität.

Frage 14 "Bitte nehmen Sie nun die gleiche Einschätzung für den Publisher vor und begründen diese."

Tabelle 24: Erste Reduktion auf R_x (Qualitative Forschungsmethode)

EIV	Zeile	Paraphrase	Generalisierung	Reduktion auf R_x
A	196-198	Können ihr Inventar zu dem bestmöglichen Preispunkt verkaufen	Es lohnt sich, da Yield-Optimierung	**R_1** Es lohnt sich, da Yield-Optimierung
B	196-199	Solange sie hohe Preise für nicht intelligent ausgesteuertes Inventar bekommen, lohnt es sich nicht	Lohnt sich nicht, da Verkauf von Restplatz-Inventar im Bulk mit Streuverlusten nicht möglich	
	205-208	Es hätte sich auch vorher gelohnt, da sie hohe TKPs realisieren können	In der Vergangenheit gelohnt wegen hohen eTKPs	**R_2** Lohnt sich nicht, da Verkauf von Restplatz-Inventar im Bulk mit Streuverlusten nicht möglich
C	229-232	Chance, um Rest-Inventar zu versteigern	Versteigerung des Restplatz-Inventars	

	232-239	Mit Premium-Inventar bekommen sie langfristig Schwierigkeiten, wenn durch Konkurrenz der TKP 30 Euro auf einen CPC 15 Cent fällt	Niedrigere Preise für Premium-Inventar im PA	
D	245-246	Herausforderung ist die Umstellung des bestehenden Geschäftes	Kosten für Umstrukturierung	**R_3** In allen Zeiteinheiten lohnt es sich: • Vor allem künftig, da Know-how zunehmen wird und First Party Daten genutzt werden können • In der Vergangenheit auch, da Yield-Optimierung
	250-254	Differenzierter Verkauf und deshalb wird er für qualitativ minderwertiges Inventar geringere Preise bekommen als im Bulk	Niedrigere Preise für Restplatz-Inventar im PA	
	255-257	Differenzierter Verkauf und deshalb qualitativ interessantere Inventare für Advertiser und höhere Einnahmen für Publisher	Es lohnt sich, da Yield-Optimierung	
E	152-156	Früher hat Publisher mit einfachen Mitteln mehr Geld verdient und jetzt ist es anstrengender für ihn Geld zu verdienen	Lohnt sich nicht, da Verkauf von Restplatz-Inventar im Bulk mit Streuverlusten nicht möglich	
F	227-235	Für Publisher mit viel Know-how hat es sich gelohnt und derzeit und künftig auch	In allen Zeiteinheiten lohnt es sich, wenn Know-how vorhanden	
G	399-401	Derzeit hat er Angst, dass er über PA zu billig verkauft und kannibalisiert	Angst vor Kannibalisierung des traditionellen Geschäfts	**R_4** Hohe Kosten für • Umstrukturierung • Personal • Ad Server und SSP
	409-413	Es ist Frage der Zeit bis der Premium-Inventar im PA anbietet	Müssen am PA teilnehmen	
H	272	Es hat sich schon immer gelohnt	In allen Zeiteinheiten lohnt es sich	
	273-274	Angst, dass Preise sinken	Angst, dass Preise sinken	
	275-277	Verbessertes Yield Management	Es lohnt sich, da Yield-Optimierung	
	277-288	Spart Ressourcen, da Aufgaben, wie Ad Management oder Optimierungsleistungen, auf Agentur und Advertiser ausgelagert werden.	Ersparnis von Ressourcen, da manche Aufgaben durch die Buy Side übernommen werden	**R_5** Angst vor niedrigeren eTKPs im PA und vor Kannibalisierung des traditionellen Geschäftes
J	352-357	PA kein Selbstläufer, sondern Vertrieb und Verständnis der Marktstruktur notwendig	Es lohnt sich, wenn Know-how vorhanden	
K	396-397	Denken, dass sie sich verbiegen müssen und höhere Kosten haben	Angst vor höheren Kosten	
	398-399, 411, 421	Müssen langfristig mögliche Steigerung der Effizienz und eTKPs betrachten	Es lohnt sich, da Yield-Optimierung	**R_6** Müssen am PA teilnehmen
	416-420	Umstrukturierung ist hoher Kostenfaktor	Kosten für Umstrukturierung	
	430-431	Vor einem Jahr hat es sich nicht gelohnt	In der Vergangenheit nicht gelohnt	**R_7** Ersparnis von Ressourcen, da manche Aufgaben auf die die Buy Side ausgelagert werden
L	186-198	Publisher muss abwägen, ob PA sich für ihn lohnt	Abwägung	
	198-199	Ein Teil der Monetarisierung eines jeden Publishers wird über PA erfolgen	Müssen am PA teilnehmen	
M	252-261	In Vergangenheit auch gelohnt, wenn er Restplatz-Inventar im OpenRTB und anderes Inventar über Deals verkauft oder auf IO-	Versteigerung des Restplatz-Inventars im OMP und Premium-Inventar im PMP	**R_8** Abwägung

		Basis		• Verkauf des Restplatz-Inventars im OMP
	261-273	Problem ist, dass sehr viel Personal für den klassischen Verkauf vorhanden, aber er braucht andere Berufsbilder	Personalkosten, da andere Berufsbilder notwendig	• Verkauf des Premium-Inventars im PMP oder traditionell
	278	Wenn sie sich nicht anpassen, verlieren sie ihre Wettbewerbs-fähigkeit	Müssen am PA teilnehmen	
N	281-286	Für große Publisher lohnt es sich mehr, da sie mehr interne Ressourcen/ Fachkräfte haben	Es lohnt sich mehr für große Publisher, da mehr Ressourcen vorhanden	**R_9** Es lohnt sich mehr für große Publisher, da sie über mehr Ressourcen, wie z. B. Fachkräfte, verfügen
O	203-211	Es wird sich künftig lohnen, in der Vergangenheit noch nicht	Es lohnt sich künftig mehr als in der Vergangenheit	
	215-234	Fees an SSP, programmatische Kampagnen sehr aufwendig, Ressourcenersparnis gering	Kosten für Umstrukturierung	
P	196-197	Er muss auf die Zwänge des Marktes reagieren	Müssen am PA teilnehmen	
	197-198	Große Chance für ihn, wenn er strukturiert vorgeht	Es lohnt sich, wenn Know-how vorhanden	
	201-203	Muss Nutzer mit eigenen Daten vorqualifizieren	Nutzung von First-Party Data	
	207-208, 244-252	In der Vergangenheit wollten sie kein PA, da sie klassisch zu höheren TKPs verkaufen konnten	Lohnt sich nicht, da traditionell höhere TKPs als im PA	
Q	174-176	In der Vergangenheit hatte er Angst, dass seine Durchschnittspreise sinken	Angst, dass Preise sinken	
	176-178	Aus Anforderungen der Agenturen gelernt, dass PA wichtig ist	Müssen am PA teilnehmen	
	181-183	Zusätzlicher Aufwand im Personal- oder Technikbereich	Personal- und Technikkosten	
	184-186, 194	Weniger Kosten, da manuelle und finanzielle Aufwendungen im Operationsbereich auf Einkäufer übergehen	Ersparnis von Ressourcen, da man-che Aufgaben durch die Buy Side übernommen werden	
R	285	In der Vergangenheit noch nicht gelohnt	Mit zunehmender Zeit lohnt es sich immer mehr	
	285-286	In Gegenwart ja. Und in der Zukunft wird es sich sehr stark lohnen	Derzeit lohnt es sich und künftig noch mehr	
	286-289	Es lohnt sich, da Technologien den maximalen Wettbewerb für jeden einzelnen Anzeigenplatz, Anzeigenverkauf herstellen	Es lohnt sich, da Yield Opti-mierung	
S	257-258	Publisher hat keine Wahl, um teilzunehmen	Müssen am PA teilnehmen	
	261-264	Agenturen verplanen Budgets im PA und wenn Publisher nicht teilnimmt, entgeht ihm Umsatz	Müssen am PA teilnehmen	
T	223-234	In der Vergangenheit auch schon gelohnt, da Nachfrage vorhanden	In Vergangenheit, da Nach-frage vorhanden	
	235-236	In Zukunft wird es sich noch mehr lohnen	Künftig wird es sich mehr lohnen	
U	311-317	Sind die Leidtragenden, weil sie zusätzliche Kosten haben für Bedienung Ad Server und	Hohe Kosten für Ad Server und SSP	

		komplexer und ressourceninten-siver Kauf SSP		
V	182-194	Mit zunehmenden Erfahrungs-werten wird es sich stärker lohnen	Es lohnt sich, wenn Know-how vorhanden	
W	224-227	Sehr hohe Ausgaben für SSP	Hohe Kosten SSP	
	233-235	Umbau Ad Server notwendig und kosten-intensiv	Hohe Kosten für Ad Server	

Tabelle 25: Zweite Reduktion auf das Kategoriensystem für Frage 14

(Qualitative Forschungsmethode)

R_x	Paraphrase	Generalisierung	Kategoriensystem für Frage 14
R_1	Es lohnt sich, da Yield-Opti-mierung	Es lohnt sich wegen der Yield-Optimierung	**Kategorie 1** Es lohnt sich in allen Zeithorizonten aus den folgenden Gründen • Yield Optimierung • Ersparnis von Ressourcen, da manche Aufgaben auf die Buy Side ausgelagert werden • Eigenständige Entscheidung, welche Inventarklasse sie im OMP oder PMP oder traditionell verkaufen wollen
R_2	Lohnt sich nicht, da Verkauf von Restplatz-Inventar im Bulk mit Streuverlusten nicht möglich	Können im PA von Streuverlusten nicht mehr profitieren	
R_3	In allen Zeiteinheiten lohnt es sich: • Vor allem künftig, da Know-how zunehmen wird und First Party Daten genutzt werden können • In der Vergangenheit auch, da Yield-Optimierung	In allen Zeiteinheiten lohnt es sich wegen Yield Optimierung, aber künftig wird es sich mehr lohnen wegen zunehmenden Know-hows	
R_4	Hohe Kosten für • Umstrukturierung • Personal • Ad Server und SSP	Ressourcen in Bezug auf Personal und Technologie in hohem Maß für die Teilnahme am PA notwendig	**Kategorie 2** Es lohnt sich vorrangig • künftig wegen zunehmenden Know-hows • für große Publisher, da sie über mehr Ressourcen in Bezug auf Personal und Technologie für die Teilnahme am PA verfügen
R_5	Angst vor niedrigeren eTKPs im PA und vor Kannibalisierung des traditionellen Geschäfts	Niedrige eTKPs im PA und Kannibalisierung des traditionellen Geschäfts möglich	
R_6	Müssen am PA teilnehmen	Müssen am PA teilnehmen	**Kategorie 3** Es lohnt sich nicht, da • Publisher im PA von Streuverlusten der Advertiser nicht mehr profitieren können • und niedrige eTKPs im PA und Kanni-balisierung des traditionellen Geschäfts möglich sind
R_7	Ersparnis von Ressourcen, da manche Aufgaben durch die Buy Side übernommen werden	Ressourcen sparen, da manche Aufgaben auf die Buy Side ausge-lagert werden	
R_8	Abwägung • Verkauf des Restplatz-Inven-tars im OMP • Verkauf des Premium-Inven-tars im PMP oder traditionell	Können selbst entscheiden, welche Inventarklasse sie im OMP oder PMP oder traditionell verkau-fen wollen	
R_9	Es lohnt sich mehr für große Publisher, da sie über mehr Ressourcen, wie z. B. Fach-kräfte, verfügen	Es lohnt sich mehr für große Publi-sher, da sie über mehr Ressour-cen, wie z. B. Fachkräfte, verfügen	

Kontrollfrage: Skalierung der Herausforderungen aus den Themenblöcken von A bis D

Frage 15: „Bitte bewerten Sie den Stellenwert des Fachkräftemangels auf einer Skala von 1 bis 5. ‚1' steht für ‚sehr niedrigen' Stellenwert und ‚5' für ‚sehr hohen' Stellenwert der Herausforderung."

Tabelle 26: n=22 (Quantitative Forschungsmethode)

Vorgegebene Antwortmöglichkeiten	Advertiser	Agentur	DSP	Publisher	SSP	DMP & Magazin	H. (kumuliert)
a) Fachkräftemangel	21	12	17	16	17	9	**92**
b) Mangelnde Transparenz in der Zusammenarbeit zwischen allen Marktteilnehmern	20,5	10	12	12	14	6,5	**75**
c) Mangelndes Angebot an PVI	13,5	5	12	13	10	8	**61,5**
d) Investitionskosten für Advertiser im PA	12,5	6	6	11	10,5	3,5	**49,5**
e) Investitionskosten für Publisher im PA	12	4,5	13	11	9	6	**55,5**

Tabelle 27: Darstellung der Ergebnisse aus Tabelle 26 und Berechnung des Mittelwerts

Herausforderungen	Berechnung	Mittelwert	Mittelwert gerundet
a) Fachkräftemangel	92 geteilt durch 22	4,18	4,20
b) Mangelnde Transparenz in der Zusammenarbeit zwischen allen Marktteilnehmern	75 geteilt durch 22	3,41	3,40
c) Mangelndes Angebot an Programmatic Video-Inventar	61,5 geteilt durch 22	2,80	2,80
d) Investitionskosten für Advertiser im PA	49,5 geteilt durch 22	2,25	2,30
e) Investitionskosten für Publisher im PA	55,5 geteilt durch 22	2,52	2,50

Schlussfrage

Frage 16 " Welche weiteren Herausforderungen und Chancen fallen Ihnen noch ein, die bisher in der Expertenumfrage nicht thematisiert wurden?"

(„C" für Chance und „H" für Herausforderung)

Tabelle 28: Erste Reduktion auf R_x

EIV	Zeile	Paraphrase	Generalisierung	Reduktion auf R_x
A	250-254	H: Technologieauswahl schwer	H: Keine Homogenität in der Leistungsfähigkeit der Technologien	R_1 Herausforderung: kaum Standards vorhanden • in der Leistungsfähigkeit der Technologien
B	243-247	H: Zu viele Technologien von unterschiedlichen Unternehmen	H: Keine Homogenität in der Leistungsfähigkeit der Technologien	• für Daten (Qualität der Third-Party Data, Datenschutzgesetz)
C	281-285	H: Einfluss des globalen Marktes auf den deutschen Markt und	H: Wenig Standards im Einkaufsprozess	

		entsprechender Umgang mit Einkaufsverhältnissen		• für Labeling des Contents und der Marktteilnehmer in den Plattformen
D	385-396	Keine Angabe		• im Einkaufsprozess
E	194-196	C: Viele Kunden werden es selber machen	C: Advertiser betreiben PA inhouse	• in den Fachbegriffen
	194-202	H: Inhousing technisch sehr schwer/ komplex	H: Inhousing ist sehr schwer für Advertiser	
F	272-277	H: Uneinheitliche Sprache führt zu Verwirrung	H: Uneinheitliche Fachbegriffe	
G	496-501	H: Bekanntheit von PA noch nicht überall Bestandteil	H: Wenig Standards im PA	
H	347-359	H: Advertiser kennen oft ihr Ziel nicht	H: Falsche Entscheidungen wegen fehlen-dem Know-how	
J	456-467	H: Kaum Qualitätssicherung oder Standardisierung von Third-Party-Daten	H: Kaum Standards in der Qualität für Third-Party Data	
K	477-478	H: Training und Ausbildung der Mitarbeiter	H: Wenig Know-how	
	478-481	H: Player müssen sich öffnen, um weiter-zukommen	H: Skepsis gegenüber PA	
L	235-253	H: Shift in der Nutzung der Inhalte, Daten-Matching	H: Wenig Know-how	
M	340-349	H: Keine Lösung für Daten-verfügbarkeit und Daten-Qualität der Third-Party-Datenanbieter	H: Keine Standards in der Qualität für Third-Party Data	**R_2** Chance: Advertiser betreiben PA inhouse
	366-377	H: PA für Mobile wenig entwickelt	H: Wenig Know-how	
N	332-354	H: Wenig standardisierte Prozesse für Plattformen über Labeling von Contents oder des Advertisers	H: Wenig Standards für Labeling des Contents oder der Marktteilnehmer in den Plattformen	
O	297-308	H: Entwicklung einer euro-päischen PA-Branche	H: Einfluss des globalen Marktes auf den deutschen Markt	**R_3** Herausforderung: falsche Ent-scheidungen wegen fehlendem Know-how
P	263-271	H: Handling mit Daten, wo liegen Daten	H: Datenschutzgesetz	
Q	230-240	C: Advertiser ohne Agenturen	C: Advertiser sollen PA inhouse betreiben	
	250-255	H: Agentur steht unter Recht-fertigungsdruck	H: Gefahr der Wettbewerbs-fähigkeit der Agentur	
	257	H: Gemeinsame Lösungen müssen gefunden werden	H: Wenig Standards/ Know-how	**R_4** Herausforderung: Verlust der Wettbewerbsfähigkeit kleiner Agenturen
R	361-368	H: Entscheidung werden von fachlisch inkompetentem Perso-nal/ Chefs getroffen	H: Falsche Entscheidungen wegen fehlen-dem Know-how	
S	318-322	H: Unterschiedliche Zielsetzung der Marktteilnehmer	H: Unterschiedliche Ziel-setzung der Marktteilnehmer	
T	287-288	C: Lernen auf den Systemen	C: Lernen auf den Systemen	
	288	C: Veränderung der Ein- und Verkaufspolitik	C: Veränderung des Geschäftsmodells	**R_5** Chance: Schulung von Personal
	289-291	H: Einkauf durch Trading Desk oder durch Agentur	H: Kein Standard im Einkaufs-prozess	• in den USA
U	382-393	C: Nicht darauf warten bis Know-how da ist, sondern Mitarbeiter in den USA aus-	C: Personal in den USA schulen	• auf den Systemen

		bilden		
V	233-235	H: Handling von Daten	H: Umgang mit Daten	
	235-242	H: Kein einheitliches Gesetz für Datenschutz	H: Kein einheitliches Gesetz für Datenschutz	
W	271-272	C: Advertiser müssen eigene DMP auf-bauen	C: Advertiser betreiben PA inhouse	
	272-286	H: Wenig Know-how für Internationalisierung	H: Wenig Know-how	

Tabelle 29: Zweite Reduktion auf das Kategoriensystem für Frage 16
(Qualitative Forschungsmethode)

R_x	Paraphrase	Generalisierung	Kategoriensystem für Frage 16
R_1	Herausforderung: kaum Standards vorhanden • in der Leistungsfähigkeit der Technologien • für Daten (Qualität der Third-Party Data, Datenschutzgesetz) • für Labeling des Contents und der Marktteilnehmer in den Plattformen • im Einkaufsprozess • in den Fachbegriffen	Herausforderung: kaum Standards vorhanden in Bezug auf • Technologien (Leistungsfähigkeit und Labeling des Contents und der Marktteilnehmer) • Daten (Qualität der Third-Party Data, Datenschutzgesetz) • Einkaufsprozess • Fachbegriffe	**Kategorie 1** Herausforderung: Kaum Standards vorhanden in Bezug auf • Technologien (Leistungsfähigkeit und Labeling des Contents und der Marktteilnehmer) • Daten (Qualität der Third-Party Data, Datenschutzgesetz) • Einkaufsprozess • Fachbegriffe
R_3	Chance: Advertiser betreiben PA inhouse	Chance: zunehmendes Know-how	**Kategorie 2** Chance: Know-how nimmt immer mehr zu
R_3	Herausforderung: falsche Entscheidungen wegen fehlendem Know-how	Herausforderung: fehlendes Know-how	
R_4	Herausforderung: Verlust der Wettbewerbsfähigkeit kleiner Agenturen	Herausforderung: Verlust der Wettbewerbsfähigkeit kleiner Agenturen	
R_5	Chance: Schulung von Personal • in den USA • auf den Systemen	Know-how steigern durch Schulung in den USA und Lernen auf den Systemen	

Tabelle 30: Zusammenfassung der Frage 1 und Frage 16

Kategoriensystem aus Frage 1 (Kategorien siehe linke Spalte: 1 bis 5)		Kategoriensysteme aus Frage 1 und Frage 16
1	Chance: effiziente Prozesse durch Automatisierung	**Kategorie 1** Herausforderungen: Fachkräftemangel und Mangel an Transparenz in der Zusammenarbeit zwischen den unterschiedlichen Marktteilnehmern Chance: Mit zunehmender Zeit wird die Transparenz und das Know-how steigen.
2	Chance: Reduzierung von Streuverlusten speziell für Advertiser	
3	Herausforderung: Fachkräftemangel	
4	Herausforderung: Transparenz in der Zusammenarbeit	

	zwischen den unterschiedlichen Marktteilnehmern	**Kategorie 2**
	<u>Chance</u>: Zunehmende Etablierung des PA und zunehmende Transparenz in der Zusammenarbeit der Marktteilnehmer	<u>Chancen</u>: Durch Automatisierung
		• effiziente Prozesse im PA
5	<u>Chance</u>: Neue Formate im PA bereits heute und zunehmend künftig möglich	• speziell für Advertiser
6	<u>Chance</u>: Etablierung des Geschäftsmodells PMP	→ Reduzierung von Streuverlusten
7	<u>Herausforderung</u>: Skepsis gegenüber PA	**Kategorie 3**
	<u>Chance</u>: Aufklärung, Dialog, Know-how	<u>Herausforderung</u>: Kaum Standards vorhanden in Bezug auf
8	<u>Herausforderung</u>: Daten	• Leistungsfähigkeit der Technologieanbieter
	• intransparente Datenqualität	• Daten (Qualität und Transparenz über die Qualität der Third-Party Data, keine Standards für den Umgang mit Daten, Datenschutzgesetz)
	• keine Marktstandards/ Datenschutzgesetz	
Kategoriensystem aus Frage 16 (Kategorien siehe linke Spalte: 1 bis 3)		• Einkaufsprozess
1	<u>Herausforderung</u>: Kaum Standards vorhanden in Bezug auf	• Fachbegriffe
	• Technologien (Leistungsfähigkeit und Labeling des Contents und der Marktteilnehmer)	**Kategorie 4**
		<u>Chance</u>: Neue Formate im PA bereits heute möglich und künftig noch mehr
	• Daten (Qualität der Third-Party Data, Datenschutzgesetz)	
	• Einkaufsprozess	**Kategorie 5**
	• Fachbegriffe	<u>Chance</u>: Etablierung des Geschäftsmodells PMP
2	<u>Chance</u>: Know-how nimmt immer mehr zu	**Kategorie 6**
		<u>Herausforderung</u>: Skepsis gegenüber PA
		<u>Chance</u>: Aufklärung, Dialog, Know-how

Literaturverzeichnis

AGOF (2015) „Home", http://www.agof.de/ (Stand o.J., Abruf 24.10.2015).

Alfreitor, Taisija (2015) „Online-Werbung: [Ad Fraud] nimmt in Deutschland zu", http://www.internetworld.de/onlinemarketing/ad-fraud/online-werbung-ad-fraud-nimmt-in-deutschland-zu-1057078.html (Stand 17.11.2015, Abruf 19.11.2015).

Amely, Tobias/ Krickhahn, Thomas (2013) *[BWL] für Dummies,* 2., überarb. u. akt. Aufl., Weinheim: Wiley.

Ansorge, Katrin (2014) „Die sieben [Herausforderungen] für Programmatic Advertising",
http://www.horizont.net/marketing/nachrichten/BVDW-Praesident-Ehrlich-Die-sieben-Herausforderungen-fuer-Programmatic-Advertising-120039   (Stand 08.04.2014, Abruf 20.10.2015).

Bachér, Frank (2015) „So läuft [Programmatic Advertising] außerhalb Deutschlands",
http://www.internetworld.de/onlinemarketing/expert-insights/so-laeuft-programmatic-advertising-ausserhalb-deutschlands-1008141.html   (Stand 08.09.2015, Abruf 15.10.2015).

Balzert, Helmut (2008): *[Wissenschaftliches Arbeiten] Wissenschaft, Quellen, Artefakte, Organisation, Präsentatio*n, Herdecke [u.a.]: W3L.

Bardowicks, Birger/ Busch, Oliver (2013) „[Realtime Advertising] - ein Diskussionspapier für Werbetreibende, Medien und Mittler", http://www.bvdw.org/medien/diskussionspapier-realtime-advertising?media=5001 (Stand 12.08.2013, Abruf 21.10.2015).

Behse-Bartels, Grit/ Brand (2009) „[Subjektivität in der qualitativen Forschung] - Der Forschungsprozess als Reflexionsgegenstand. Einleitung", in: Behse-Bartels, Grit/ Brand (Hrsg.) *Subjektivität in der qualitativen Forschung*, Opladen: Barbara Budrich, S. 1-18.

Böckmann,   Max   (o.J.)   „Real-Time-Advertising", http://www.adscale.de/advertiser/real-time-advertising   (Stand   o.J.,   Abruf 27.10.2015).

Bofinger, Peter/ Mayer, Eric (2011) *Grundzüge der Volkswirtschaftslehre,* 2., akt. Aufl., München [u.a.]: Pearson Studium.

Borchers, Daniel (2015) *Ist [Programmatic Advertising] zu intransparent?,* http://www.onetoone.de/Ist-Programmatic-Advertising-zu-%E2%80%A8intransparent-27081.html (Stand 03.12.2015, Abruf 22.10.2015).

Bortz, Jürgen/ Döring, Nicola (2010) *[Forschungsmethoden und Evaluation] für Human- und Sozialwissenschaftler*, 4., überarb. Aufl., Heidelberg: Springer.

Brosche, Kolja et al. (2014) „Realtime Advertising - ein Diskussionspapier aus Sicht der [Vermarkter], Publisher und Anbieter von Sell-Side-Plattformen (SSP)",

http://www.bvdw.org/presseserver/BVDW_RTA_Diskussionspapiere/   (Stand
09.12.2014, Abruf 23.10.2015).

Bundesministerium   der   Justiz   und   für   Verbraucherschutz   (2015a)
„Bundesdatenschutzgesetz   ([BDSG])   §   3   Weitere   Begriffsbestimmungen",
http://www.gesetze-im-internet.de/bdsg_1990/__3.html (Stand 25.02.2015, Abruf
19.10.2015).

Bundesministerium   der   Justiz   und   für   Verbraucherschutz   (2015b)
„Telemediengesetz   ([TMG])   Abschnitt   4   Datenschutz   §   13   Pflichten   des
Dienstanbieters",
http://www.gesetze-im-
internet.de/tmg/BJNR017910007.html#BJNR017910007BJNG000400000 (Stand
17.07.2015, Abruf 19.10.2015).

Burgarth, Kate/ Sugarman, Stanton (2014) „[Premium-Vermarktung] zwischen
Individualität   und   Automatisierung",   in: Busch,   Oliver   (Hrsg.)   [Realtime
Advertising]   Digitales   Marketing   in   Echtzeit: Strategien,   Konzepte   und
Perspektiven, Wiesbaden: Springer, S. 81-89.

BVDW   (2013)   „Realtime   Advertising   Kompass   [2013/2014]",
http://www.bvdw.org/presseserver/bvdw_rta_kompass/BVDW_RTA_Kompass20
132014.pdf (Stand 29.08.2013, Abruf 27.10.2015).

BVDW   (2014)   „Realtime   Advertising   Kompass   [2014/2015]",
http://www.bvdw.org/presseserver/BVDW_publikationen_dmexco2014/kompass_
realtime_advertising_2014_2015.pdf (Stand 08.09.2014, Abruf 22.10.2015).

BVDW   (2015a)   „Programmatic   Advertising   Kompass   [2015/2016]",
http://www.bvdw.org/presseserver/KompassPA2015/kompass_programmatic_ad
vertising_2015_2016.pdf (Stand 08.2015, Abruf 19.10.2015).

BVDW   (2015b)   „Medienbibliothek   BVDW",
http://www.ovk.de/medien?topic=57&type=&search=&page=76   (Stand   2015,
Abruf 05.12.2015).

Christmann, Gabriela B. (2009) „Telefonische [Experteninterviews] - ein schwieriges
Unterfragen",   in: Bogner,   Alexander/   Littig,   Beate/   Menz,   Wolfgang   (Hrsg.)
Experteninterviews Theorien, Methoden, Anwendungsfelder, 3., überarb. Aufl.,
Wiesbaden: GWV, S. 197-224.

Dempster, Craig/ Lee, John (2015) [The Rise of the Platform Marketer] Performance
with   Google,   Facebook,   and   Twitter,   Plus   the   Latest   High-   Growth   Digital
Advertising Platforms, Hoboken: Wiley.

Deutsch, Markus/ Grotemeyer Hans-Werner/ Schipmann, Volker (2007) [IT] für
Unternehmensgründer, Wiesbaden: Vieweg.

DoubleClick   (2015)   „Ad   Exchange   Marketplace   for   Buyers",
https://www.youtube.com/watch?v=yQNSFdRi8lk   (Stand   06.07.2015,   Abruf
17.11.2015).

Dreising, Thorsten/ Pehl, Thorsten (2013) „Praxisbuch Interview, [Transkription] &
Analyse",

http://www.audiotranskription.de/download/praxisbuch_transkription.pdf?q=Praxis
buch-Transkription.pdf (Stand 09.2013, Abruf 05.12.2015).

Düweke, Esther/ Rabsch, Stefan (2015) *[Erfolgreiche Websites] SEO, SEM, Online-
Marketing, Usability,* 3., akt. u. erw. Aufl., Bonn: Galileo.

Econsultancy (2015) „[Programmatic] Branding Driving upper-funnel consumer
engagement In association with Quantcast",
https://www.mediamath.com/wp-content/uploads/2015/05/Econsultancy-
Programmatic-Branding.pdf (Stand 05.2015, Abruf 20.10.2015).

Ehrlich, Matthias (2014) „Adtrader Konferenz",
http://www.adtrader-
conference.com/media/pdf/Keynote_Matthias_Ehrlich_BVDW_Adtrader_Konfere
nz_2014_final_140407.pdf (Stand 2014, Abruf 20.10.2015).

Elias, Nadja (2015) „Aus 'Realtime Advertising' wird '[Programmatic Advertising]'",
http://www.bvdw.org/medien/aus-realtime-advertising-wird-programmatic-
advertising?media=6550 (Stand 27.03.2015, Abruf 16.10.2015).

eMarketer (2015) „[Programmatic Video] Takes a Bite Out of Budgets",
http://www.emarketer.com/Article/Programmatic-Video-Takes-Bite-of-
Budgets/1012614, (Stand 17.06.2015, Abruf 21.10.2015).

Eyeota, Kristina Propok: (2015) „Vier Trends, die das [Programmatic] Trading
voranbringen",
http://www.horizont.net/medien/kommentare/Online-Werbung-Vier-Trends-die-
das-Programmatic-Trading-voranbringen-135241 (Stand 13.07.2015, Abruf
16.10.2015).

Faulbaum, Frank/ Prüfer, Peter/ Rexforth, Margrit (2009) *Was ist eine gute Frage?,*
Wiesbaden: GWV.

Fischer, Mario (2009) *[Website Boosting 2.0] Suchmaschinen-Optimierung,
Usability, Online-Marketing,* 2., überarb. u. erw. Aufl., Heidelberg [u.a.]: Mitb.

Ford, Henry, (o.J.) [Henry Ford] „Ein außergewöhnlicher Manager, Geschäftsmann
und Erfinder - Henry Ford",
http://www.henry-ford.net/deutsch/zitate.html (Stand o.J., Abruf 16.10.2015).

Galata, Robert/ Scheid, Sandro (2012) *[Deskriptive und Induktive Statistik] für
Studierende der BWL Methoden - Beispiele - Anwendungen,* München: Hanser.

Gee, Sunder (2015) *[Fraud and Fraud Detection] A Data Analytics Approach,*
Hoboken: Wiley.

Gehring, Uwe W./ Weins, Cornelia (2009) *[Grundkurs Statistik] für Politologen und
Soziologen,* 5., berarb. Aufl., Wiesbaden: VS.

Gertz, Oliver (2014) "Das Zeitalter von Content & Connections", in: Busch, Oliver
(Hrsg.) *[Realtime Advertising] Digitales Marketing in Echtzeit: Strategien,
Konzepte und Perspektiven,* Wiesbaden: Springer, S. 161-176.

Götze, Wolfgang/ Deutschmann, Christel/ Link, Heike (2002) *[Statistik] Lehr- und Übungsbuch mit Beispielen aus der Tourismus- und Verkehrswirtschaft,* München: Oldenbourg.

Griga, Michael (2010) *Kosten- und Leistungsrechnung für Dummies,* Weinheim: Wiley.

Gründerküche (o.J.) „D3CON 2014 Konferenz Hamburg", http://www.gruenderkueche.de/event/d3con-2014-display-advertising-konferenz-hamburg-data-driven-display-advertising-conference/ (Stand o.J., Abruf 19.10.2015).

Gutmann, Joachim/ Schneider, Jan Ole (2014) Kennzahlen in der betrieblichen Praxis, Freiburg: Haufe.

Heimann, Torben (2015) „[Die 10 Gebote] des Programmatic Advertising Ein Leitfaden für Publisher und Vermarkter", http://www.improvedigital.com/main/wp-content/uploads/2015/07/DE_10_Commandments_web.pdf (Stand 2015, Abruf 23.10.2015).

Heinze, Thomas (2001) *[Qualitative Sozialforschung] Einführung, Methodologie und Forschungspraxis,* München: Oldenbourg.

Helfferich, Cornelia (2011) Die Qualität qualitativer Daten, 4. Aufl., Wiesbaden: VS.

Henschel, Oliver (2010) *[Lexikon Eventmanagement] Strategien, Kreativität, Logistik, Verwaltung,* 2., überarb. Aufl., Berlin [u.a.]: Beuth.

IAB (2012) „The Evolution of Online Display Advertising", https://www.youtube.com/watch?v=1C0n_9DOlwE (Stand 13.05.2012, Abruf 20.10.2015).

IAB (2014) „[RTB Project] OpenRTB API Specification Version 2.3 Final Draft", http://www.iab.net/media/file/OpenRTB-API-Specification-Version-2-3.pdf (Stand 09.2014, Abruf 16.11.2015).

Improve Digital (2015) 2015 „Display Advertising [Ecosystem Deutschland]", http://www.improvedigital.com/main/wp-content/uploads/2015/08/Market_Map_DE_2015.pdf (Stand 08.2015, Abruf 05.12.2015).

Internet World Business (2013a) „Da soll sich einer auskennen", http://heftarchiv.internetworld.de/2013/Ausgabe-07-2013/Da-soll-sich-einer-auskennen (Stand 07.2013, Abruf 25.11.2015).

Internet World Business (2013b) „Aufstieg der [Private Marketplaces]", http://heftarchiv.internetworld.de/2013/Ausgabe-21-2013/Aufstieg-der-Private-Marketplaces (Stand 2013, Abruf 26.11.2015).

Kaesler, Dirk (2006) „Max Weber (1864-1920)", in: Kaesler, Dirk (Hrsg.) *Klassiker der Soziologie 1 Von Auguste Comte bis Alfred Schütz,* 5., überarb. Aufl., München: C.H. Beck, S. 191-214.

Karmasin, Matthias/ Ribing, Rainer (2014) *Die Gestaltung wissenschaftlicher Arbeiten,* 8. Aufl., Wien: Facultas.

Keuneke, Susanne (o.J.) „[Leitfaden] für die Erstellung von wissenschaftlichen Arbeiten",
https://www.phil-fak.uni-duesseldorf.de/fileadmin/Redaktion/Institute/Sozialwissenschaften/Kommunikations-_und_Medienwissenschaft/Leitfaden_wiss_Arbeiten.pdf (Stand o.J., Abruf 18.01.2016).

Kiessling, Tobias (2015) „[So kommt der Erfolg] automatisch",
http://www.horizont.net/medien/kommentare/Real-Time-Advertising-So-kommt-der-Erfolg-automatisch-134347 (Stand 13.05.2015, Abruf 18.11.2015).

Klimkeit, Marco (2014) „Mehr Umsatz durch Mehrwert statt Menge", in: Busch, Oliver (Hrsg.) *Real Time Advertising Digitales Marketing in Echtzeit: Strategien, Konzepte und Perspektiven,* Wiesbaden: Springer, S. 103-112.

Kollewe, Tobias/ Keukert, Michael (2014) *[Praxiswissen E-Commerce] Das Handbuch für den erfolgreichen Online-Shop,* Köln: O'Reilly.

Kotler, Philip et al. (2011) *Die Grundlagen des Marketing,* 5., überarb. Aufl., München [u.a.]: Pearson Studium.

Kreutzer, Ralf T. (2014) *Praxisorientiertes Online-Marketing: Konzepte - Instrumente - Checklisten,* 2. Aufl., Wiesbaden: Springer.

Lämmel, Uwe/ Cleve, Jürgen (2014) *Data Mining,* München: Oldenbourg.

Lamnek, Siegfried (2010) *Qualitative Sozialforschung,* 5. Aufl., Weinheim [u.a.]: Beltz.

Lehning, Thomas et al. (2015) *[Marketing IT] IT Marketing,* Würzburg: Vogel Business Media.

Letzner, Markus (o.J.) „[Wie aus Skepsis Sympathie wurde] Ein Kommentar zu Programmatic Buying aus Sicht der Publisher",
http://www.adscale.de/blog/wie-aus-skepsis-sympathie-wurde (Stand o.J., Abruf 22.11.2015).

LinkedIn (2015) „Ad Exchange Analyst",
https://www.linkedin.com/jobs2/view/86722716?trk=jobs_jserp_job_listing_text, (Stand 16.11.2015, Abruf 22.11.2015).

Löffler, Miriam (2014) *[Think Content!] Content-Strategie, Content-Marketing, Texten fürs Web,* Bonn: Galileo Computing.

Magee, Jeffrey L. (1998) *[Yield Management] The Leadership Alternative for Performance and Net Profit Improvement,* Boca Raton: CRC.

Marshall, Jack (2014) "WTF is a [data management platform]",
http://digiday.com/platforms/what-is-a-dmp-data-management-platform/ (Stand 15.01.2014, Abruf 20.10.2015).

Mayer, Horst Otto (2013) *[Interview und schriftliche Befragung] Grundlagen und Methoden empirischer Sozialforschung*, 6. Aufl, München: Oldenbourg.

Mayring, Philipp (2010) *[Qualitative Inhaltsanalyse] Grundlagen und Techniken*, 11., überarb. u. akt. Aufl., Weinheim [u.a.]: Beltz.

McNab, Ross (2011) „[Media Exchange] Business im Überblick", https://www.adzine.de/2011/06/media-exchange-business-im-ueberblick-adtrading-rtb/ (Stand 08.06.2011, Abruf 22.10.2015).

Möhring, Wiebke/ Schlütz, Daniela (2010) *[Die Befragung] in der Medien- und Kommunikationswissenschaft Eine praxisorientierte Einführung*, 2., überarb. Aufl., Wiesbaden: Springer.

Münstermann, Holm/ Tenbrock, Ingo (2014) „Transformation zur [Vermarktung in Echtzeit]", in: Busch, Oliver (Hrsg.) *Realtime Advertising Digitales Marketing in Echtzeit: Strategien, Konzepte und Perspektiven*, Wiesbaden: Springer, S. 121-131.

Neubauer, Alex (2014) „Real-Time Advertisement Real-Time Bidding [Programmatic Buying]", http://www.adantmedia.com/wp-content/uploads/2014/09/whitepaper.pdf (Stand 09.2014, Abruf 24.10.2015).

Nienaber, Tjalf (2010) „Mehr Erfolg mit Online-Netzwerken", in: Gottschling, Stefan (Hrsg.) *Online-Marketing-Attacke*, Augsburg: SGV, S. 127-136.

Noller, Stephan (2015) „[Programmatic Advertising] und Real Time Bidding", in: Schwarz, Torsten (Hrsg.) *Big Data im Marketing Chancen und Möglichkeiten für eine effektive Kundenansprache*, Freiburg: Haufe, S. 142-150.

Olbrich, Rainer/ Battenfeld, Dirk (2014) *[Preispolitik] Ein einführendes Lehr- und Übungsbuch*, 2.Aufl., Heidelberg: Springer.

Paperlein, Juliane (2014) „RTA Macht automatisierter Werbeverkauf [Agenturen] überflüssig?", http://www.horizont.net/medien/nachrichten/RTA-Macht-automatisierter-Werbeverkauf-Agenturen-ueberfluessig-119140 (Stand 11.02. 2014, Abruf 19.10.2015).

Pepels, Werner (2012) *Handbuch des Marketing*, 6. Aufl., München: Oldenbourg.

Perlich, Claudia (2014) „Dstillery", in: Gutierrez, Sebastian (Hrsg.) *Data Scientists at Work,* New York: Apress, S. 151-178.

Peruta, della Julia/ Breustedt, Gerrit (2015) „[Branding-Formate] sind Treiber im Programmatic-Markt", http://news.cision.com/de/adform/r/branding-formate-sind-treiber-im-programmatic-markt,c9810914 (Stand 06.08.2015, Abruf 24.10.2015).

Pifko, Clarisse/ Reber, Marcel/ Züger, Rita-Maria (2012) *[Betriebswirtschaftslehre] für technische Kaufleute und HWD Grundlagen mit Beispielen, Repititionsfragen, Antworten sowie Übungen*, 4. überarb. Aufl., compendio Bildungsmedien: Zürich.

Pindyck, Robert (2009) *Mikroökonomie, 7. akt. Aufl.,* München [u.a.]: Pearson Studium.

Pixalate (2015) „Global Seller Trust Index",
http://media.pixalate.com/white-papers/GSTI_September_White_Paper_Pixalate.pdf, in: Pixalate (Stand 09.2015, Abruf 20.10.2015).

Plattner, Hasso/ Schapranow, Matthieu-P. (2014) *High-Performance In-Memory Genome [Data Analysis],* Cham [u.a.]: Springer.

Raifman, Gregory R. (2015) „Warum [Ad-Blocker] der Werbebranche nützen",
https://www.adzine.de/2015/11/warum-ad-blocker-der-werbebranche-nuetzen/
(Stand 18.11.2015, Abruf 18.11.2015).

Rauchhaupt, Jens (2014) „Evolution der Performance-Displaywerbung",
https://www.adzine.de/2014/03/evolution-der-performance-displaywerbung-display-advertising/ (Stand 25.03.2014, Abruf 26.10.2015).

Rauchhaupt, Jens (2015a) „Anteil von Programmatic Advertising liegt in [Deutschland bei 21 Prozent]",
https://www.adzine.de/2015/10/anteil-von-programmatic-advertising-liegt-in-deutschland-bei-21-prozent/ (Stand 02.10.2015, Abruf 15.10.2015).

Rauchhaupt, Jens (2015b) „DSPs: Beginnt bald das große [Sterben]?"
https://www.adzine.de/2015/02/dsps-beginnt-bald-das-grosse-sterben-adtrading-rtb/ (Stand 17.02.2015, Abruf 19.10.2015).

Reimann, Gabi/ Mandl, Heinz (2004) „Der [Wissensbegriff] im Wissensmanagement: Eine strukturgenetische Sicht" in: Reimann, Gabi/ Mandl, Heinz (Hrsg.) *Psychologie des Wissensmanagements Perspektiven, Theorien und Methoden,* Göttingen [u.a.]: Hogrefe, S. 1-10.

Rinderle, Stefanie (2013) „[Realtime Bidding] Next Level Performance",
https://www.bluesummit.de/wp-content/uploads/2015/07/Real-Time-Bidding.pdf
(Stand 2013, Abruf 22.10.2015).

Sammer, Petra (2014) *[Storytelling] Die Zukunft von PR und Marketing,* Köln: O'Reilly.

Sawtschenko, Peter/ Herden, Andreas (2000) *[Rasierte Stachelbeeren] So werden Sie Nr. 1 im Kopf Ihrer Zielgruppe,* Offenbach am Main: Gabal.

Schäfer, Christian/ Scheer, Jens-Uwe (2009) *[Statistisches Tutorium] für Wirtschaftswissenschaftler Aufgaben mit ausführlichen Lösungen und Programmbeispielen in R,* Wiesbaden: Gabler.

Schneider, Andre (2013) *[Kundenakquise in Social Media Netzwerken] So gewinnen Sie heute Kunden und Aufträge,* Weinheim: Wiley.

Schnell, Rainer/ Hill, Paul B./ Esser, Elke (2011) *[Methoden] der empirischen Sozialforschung,* 9., akt. Aufl., München: Oldenbourg.

Schobelt,   Frauke   (2015)   „Nichts   ist   fertig",
      http://www.wuv.de/marketing/owm_setzt_online_vermarkter_unter_druck_nichts_
      ist_fertig (Stand 09.09.2015, Abruf 24.10.2015).

Scholl, Armin (2013) *Die Befragung*, 2., überarb. Aufl., Stuttgart: UTB.

Schott,   Alexander   (2014)   „[Premium]   statt   Restplatz",
      https://www.adzine.de/2014/05/real-time-advertising-premium-statt-restplatz-
      adtrading-rtb/ (Stand 07.05.2014, Abruf 25.11.2015).

Schroeter, Andreas et al. (2012) „[Die Zukunft des Display Advertising] Intelligenter -
      automatisierter - effizienter durch Real Time Bidding",
      http://rtb-buch.de/rtb_fibel.pdf (Stand 2012, Abruf 14.11.2015).

Schroeter, Andreas et al. (2013) „[Real Time Advertising] Funktionsweise - Akteure -
      Strategien",
      http://metrigo.com/wp-content/themes/metrigo/download/real-time-advertising-
      rtb.pdf (Stand 09.2013, Abruf 14.11.2015).

Schutzmann,   Ingrid   (2015)   „Adition   lässt   auf   [Video]-Inventar   bieten",
      http://www.internetworld.de/technik/Supply-Side-Platformen/adition-laesst-video-
      inventar-bieten-923888.html (Stand 20.04.2015, Abruf 24.10.2015).

Schweiger, Günther/ Schrattenecker, Gertraud (2013) *Praxishandbuch Werbung*,
      Konstanz: UVK.

Seebohn, Joachim (2005) *Gabler Kompakt-Lexikon Werbepraxis*, 3. Aufl.,
      Wiesbaden: Gabler.

Siebert, Horst/ Lorz, Oliver (2007) *Einführung in die Volkswirtschaftslehre*, 15.,
      vollständig überarb. Aufl., Stuttgart: Kohlhammer.

Simons, Julian/ Rau, Andreas/ Jokschat, Jens (2014) „Realtime Advertising - ein
      Diskussionspapier aus Sicht der [Werbetreibenden], Agenturen und
      Mediakäufer",
      http://www.bvdw.org/medien/bvdw-veroeffentlicht-zweiten-teil-der-serie-
      diskussionspapiere-zu-realtime-advertising?media=5949   (Stand   07.08.2014,
      Abruf 21.10.2015).

Simons,   Julian   (2015)   „Siegeszug   der   [Private   Exchanges]",
      http://www.mediascale.de/tag/private-marketplace/   (Stand   01.09.2015,   Abruf
      25.11.2015).

Sprondel, Walter Michael (1979) „Experte und Laie", in: Sprondel, Walter Michael/
      Grathoff, Richard (Hrsg.) *Alfred Schütz und die Idee des Alltags in den
      Sozialwissenschaften*, Stuttgart: Enke, S. 140-154.

Statista (2014a) „Welche [Hindernisse] sehen Sie auf dem Weg zum Programmatic
      Advertising?",
      http://de.statista.com/statistik/daten/studie/320947/umfrage/hindernisse-bei-der-
      einfuehrung-von-programmatic-advertising/ (Stand 05.2014, Abruf 12.10.2015).

Statista (2014b) „Welche [Gründe] sprechen für die Einführung von Programmatic
      Advertising?",

http://de.statista.com/statistik/daten/studie/321012/umfrage/gruende-fuer-die-einfuehrung-von-programmatic-advertising/ (Stand 05.2014, Abruf 12.10.2015).

Statista (2015) „Marktanteil von Programmatic [Video] Advertising am Video Advertising-Markt in Deutschland in den Jahren 2012 bis 2014 und Prognose bis 2020",
http://de.statista.com/statistik/daten/studie/465992/umfrage/marktanteil-von-programmatic-video-advertising-in-deutschland/ (Stand 09.2015, Abruf 24.10.2015).

Staves, Ben (2015) „Leveraging 1st Party Data with [Lookalike Targeting]",
http://www.iprospect.com/en/ie/our-blog/05-display-series-lookalike/ (Stand 14.05.2015, Abruf 19.10.2015).

The Trade Desk (2015) „DevOps [Software Engineer]",
http://thetradedesk.com/open-positions/devops-software-engineer (Stand 2015, Abruf 22.11.2015).

Velev, Dimo (2014) „[Data] – Intelligente Publisher für einen perfekten Mediamix",
https://www.adzine.de/2014/04/data-intelligente-publisher-fuer-einen-perfekten-mediamix-display-advertising/ (Stand 07.04.2014, Abruf 23.10.2015).

Velev, Dimo (2015) „5 Tipps für erfolgreiche Deals auf [Private Marketplaces]",
http://www.horizont.net/medien/kommentare/Am-Anfang-steht-die-Beziehung-5-Tipps-fuer-erfolgreiche-Deals-auf-Private-Marketplaces-137124 (Stand 30.10.2015, Abruf 25.11.2015).

Vernal, Mervie (2012) [Digitales im Verlagswesen] Basiswissen für Mediakaufleute Digital und Print Schwerpunkt Marketing, Kaltenkirchen: Books on Demand.

Wagner, Stefan (2015) „Real Time Advertising - die Chancen für den [Publisher]",
http://www.goldbachgroup.com/newsroom/news/news/real-time-advertising-die-chancen-fuer-den-publisher (Stand 2015, Abruf 23.10.2015).

Wegmann, Tobias (2015) „Hohe Nachfrage, zu wenig [Inventar]: Programmatic Video ist kein Selbstläufer",
http://onlinemarketing.de/news/hohe-nachfrage-zu-wenig-inventar-programmatic-video-ist-kein-selbstlaeufer (Stand 01.06.2015, Abruf 19.10.2015).

Zawadzki, Viktor (2015) „Online Marketing 2015: Trends im [Realtime Advertising]",
http://www.spree7.com/blog/online-marketing-2015-trends-im-realtime-advertising/ (Stand 08.01.2015, Abruf 27.10.2015).

Zunke, Karsten (2015) „[Mediaplan]: Audience Data",
https://www.adzine.de/2015/05/mediaplan-audience-data-data-targeting/ (Stand 27.05.2015, Abruf 19.10.2015).

Eidesstattliche Erklärung

Ich erkläre hiermit an Eides Statt, dass ich die vorliegende Arbeit selbstständig und ohne Benutzung anderer als der angegebenen Hilfsmittel angefertigt habe; die aus fremden Quellen direkt oder indirekt übernommenen Gedanken sind als solche kenntlich gemacht.

Die Arbeit wurde bisher in gleicher oder ähnlicher Form keiner anderen Prüfungs-kommission vorgelegt und auch nicht veröffentlicht.

Hamburg, 17.07.2016   Syuzanna Gaplanyan

_____   _____

Ort, Datum   Unterschrift (Vor- und Nachname)

Printed in Great Britain
by Amazon